그림책 종이놀이

그림책
학교 10

공감하며 **읽고** 창의적으로 **만드는**

그림책 종이놀이

황진희·최정아·구은복 지음

■ 여는 글

함께 읽고 함께 만들며
성장하는 값진 순간!

■ **그림책 종이놀이, 어떤 점이 좋을까요?**

종이로 비행기나 배, 아니면 다른 무언가를 접어 본 기억이 있나요? 종이는 손쉽게 구할 수 있는 재료이지요. 색종이가 없으면 신문지나 광고지, 심지어 과자 봉지로도 대체할 수 있어요. 그래서 종이를 접거나 오리고 붙여 무언가를 만들어 내는 활동은 많은 어린이가 즐기는 친숙하면서 재미있는 놀이 중 하나예요. 혹시 여러분은 '종이놀이'의 놀라운 효과를 들어 본 적 있나요?

    아이의 두뇌는 만들어진 순간부터 끊임없이 자극을 받으며 발달해요. 뇌에 긍정적인 자극을 줄 수 있는 요소 중 '손'은 '제2의 뇌'라고 불릴 정도로 중요해요. 손을 활용하는 힘은 초등학생 시기에 완성된다고 해도 과언이 아닙니다. 자르고 붙이며 만드는 놀이, 그중에서도 종이로 하는 활동을 놓쳐서는 안 되는 이유가 여기에 있어요.

초등학교 저학년은 한창 소근육 발달이 이루어지는 시기예요. 이 시기에 만나는 종이놀이는 손과 눈의 협응능력을 키워 단추 채우기, 젓가락질, 글자 쓰기 등 일상생활 능력에도 도움을 주고 이것이 인지·학습 능력의 기초가 돼요. 특히 아이 트래킹(eye tracking: 시선 이동 경로) 연구에 따르면, 1~2학년 학생은 다른 연령대보다 색에 민감하게 반응한다고 해요. 종이놀이에 쓰이는 색종이의 여러 색과 모양은 아이들의 색채 감각을 자극해 준답니다.

중학년 즈음 아이들은 폭발적으로 지식을 흡수함과 동시에 활동 참여도에서는 개인차가 나타나기 시작해요. 종이놀이 순서를 기억하고 이리저리 돌려 가며 결과물을 만드는 과정은 공간지각력과 이해력, 사고력을 발달시켜요. 특히 종이놀이의 각 단계를 차근차근 따라 하다 보면 자연스럽게 인내심과 집중력, 과제집착력을 키울 수 있지요.

초등 고학년 아이들에게 종이놀이는 어떤 도움을 줄까요? 이 시기 아이들은 개성 있게 자신을 표현하려는 욕구도 나타나고 동시에 추론 능력도 발달하기 시작해요. 종이접기의 기본 중 대문 접기, 방석 접기 등 여러 가지 방법을 응용함으로써 추론 능력과 창의성이 높아지고, 색종이를 통한 자기표현으로 정서적 안정감을 느낄 수 있어요. 특히 종이놀이는 현대 사회에서 강조되는 '컴퓨팅 사고력'을 자연스럽게 익히는 데에도 도움이 되어요. 컴퓨팅 사고력은 어떤 문제를 해결하는 데 '절차적 사고(알고리즘)'를 사용하는 방식입니다. 단계와 단계를 건너뛰거나 대충 무마하지 않고 실행해야 결과물이 완성되는 종이놀이는 절차를 밟아 사고하는 힘을 길러 주지요. 이처럼 초등학생 시기에 종이놀이를 만나는 일은 저학년부터 고학년에 이르기까지 아이들의 건강한 발달을 위해 꼭 필요하답니다.

종이가 아이들의 훌륭한 '만들거리'가 된다면 그림책은 훌륭한 '읽을거리'입니다. 그림책을 읽고 책 속 이미지나 내용을 종이놀이와 연결하면 특별한 효과가 있습니다. 딱지치기를 예로 들어 보겠습니다. '딱지치기'라는 하나의 활동에는 딱지를 만드는 소근육 활동, 완성한 딱지로 딱지를 치며 노는 대근육 활동, 이 모든 과정에서 친구들과 이야기를 나누는 언어 발달 과정이 포함됩니다. 그림책 종이놀이도 세 가지 과제를 모두 충족합니다. 그림책은 종이놀이에 관한 호기심을 불러일으켜 무언가 만드는 데에 몰입하기 어려워하는 아이도 종이놀이의 매력을 알 수 있게 해요. 풍성하게 펼쳐지는 이야기꽃으로 동기 부여 하기도 좋지요. 이야기 나누는 과정에서 활발한 상호작용이 일어나 표현능력과 언어발달을 촉진해요. 구기고 찢고 오리고 붙이며 만드는 단계는 소근육을 키워 주지요. 결과물을 던지고 굴리며 신나게 노는 경험을 통해 대근육이 발달할 수 있어요. 특히 누군가에게 내가 만든 종이놀이 작품을 선물해 주면 자존감도 커지고, 그 사람과 마음을 나누는 관계로 이어지기도 해요. '그림책 종이놀이'라는 하나의 주제가 신체, 인지, 정서 측면에서 통합적 발달을 가져와 아이를 '몸과 마음이 튼튼한 사람'으로 키워 내는 것이지요.

그 외에도 '그림책 종이놀이'가 아이에게 주는 긍정적인 영향은 여러 가지가 있어요.

1. 수학적 사고력이 향상돼요

종이를 접고 자르면서 아이는 여러 가지 도형을 자연스럽게 접해요. 또 종이를 분할하고 늘리는 과정을 통해 분수 개념, 공간지각력, 도형 이해력 등 수학적 사고의 기초를 다지게 돼요.

2. 집중력과 끈기, 호기심과 도전하는 힘을 기를 수 있어요

그림책을 집중해서 읽고, 연계된 종이놀이를 하는 모든 과정이 아이에게는 도전이에요. 놀고 배우는 과정 속에서 자연스럽게 집중력과 끈기를 키울 수 있지요. 또한 책을 통해 습득한 지식을 기반으로 호기심을 키우고 책에 관한 관심을 높일 수 있고요.

3. 미술 표현력, 감상하는 힘이 생겨요

그림책을 통해 아이는 자연스럽게 색감을 익히고 시각적으로 감상 활동에 참여해요. 또한 자신이 생각하는 무언가를 종이놀이를 통해 구현함으로써 형태와 관련된 창작 활동에 참여하지요. 그림책 종이놀이 자체로 미술을 즐기는 경험이라고 할 수 있어요.

4. 자존감과 함께 정서 지능이 높아져요

함께 그림책을 읽고 대화를 나누며 종이놀이를 하다 보면 자연스럽게 아이와의 소통이 이뤄져요. 가족과 함께 그림책을 읽고 활동을 하면서 아동이 느끼는 만족감과 성취감은 정서발달을 도와요. 이렇게 즐겁고 행복한 책놀이 과정은 아이의 자아존중감 형성에 긍정적인 영향을 줘요.

이 책은 그림책을 사랑하고 종이놀이를 즐기는 초등학교 교사들이 함께 썼어요. 전 학년 아이들이 경험한 그림책 읽기와 종이놀이의 놀라운 효과를 모든 아이들이 함께 느끼기를 바라는 마음에서요. 수업 시간에 그림책을 꺼낼 때면 아이들의 눈이 반짝거렸어요. "선생님, 오늘은 무슨 그림책 읽어요?"라며 높은 기대감과 호기심을 드러냈고, 그림책에 퐁당 빠져 자신의 이야기를 진솔하게 꺼내 주었지요. 그림책의 '의미'를 파악하고 그 '감상'을 '표현활동'으로 연결하는 과정에서 아이들은 문해력을 기를 수도 있고요.

저마다 종이의 색과 무늬를 자유롭게 고르고 한 단계 한 단계 밟아 나가며 작품으로 표현해 내는 과정은 아이들이 예술가로 거듭나는 시간이었답니다. 만든 결과물을 전시하는 것에 그치지 않고, 나아가 작품으로 던지고 날리고 굴리는 '놀이'를 하기도 하며 아이들은 '놀면서 배우는 기쁘고 행복한 순간'을 경험하기도 했어요. 때로는 직접 만든 종이 작품을 가족에게 선물했는데 덕분에 오랜만에 가족이 모두 모여 이야기장을 펼쳤다고 해요. 그림책 종이놀이로 읽고 말하고, 접고, 노는 통합적 교육이 펼쳐진 것이지요.

■ **주제별, 난이도별 그림책 종이놀이 안내서**

이 책 『그림책 종이놀이』에는 아이들이 흥미를 느끼는 다양한 주제의 그림책이 등장해요. 『두근두근』(21쪽) 『고구마』(45쪽) 『기분이 나빠!』(119쪽)와 같은 그림책은 나 자신과 내 마음을 생각해 볼 수 있는 이야기예요. 『아빠 셋 꽃다발 셋』(113쪽) 『우리 할머니는 못 말려』(99쪽)는 가족의 따뜻함과 사랑을 흠뻑 느낄 수 있는 책이지요. '관계'를 고민하는 아이들을 위해 『두더지의 고민』(29쪽) 『사소한 소원만 들어주는 두꺼비』(85쪽) 『감기 걸린 물고기』(197쪽)로 마음을 드러내는 시간도 가졌어요. 나아가 주변을 살피고 세계를 넓혀 나가자는 의미로 『숲속 사진관』(187쪽) 『쓰레기통 요정』(171쪽) 『갈매기 택배』(163쪽)도 다루었지요.

본문에는 책을 읽는 전·중·후에 이뤄진 그림책 대화와 아이들의 반응을 생생하게 실었습니다. 또 종이를 만들고 접어 '놀이'로 이어지는 과정을 상세하게 담아 누구나 쉽게 따라 할 수 있도록 했어요. 특히 각 활동마다 '도란도란 이야기 시간'을 덧붙여, 아이들과 종이놀이를 하며 어떤 이야기를 나눠야 할지 모를 때 참고할 수 있는 가이드라인을 제시했답니다. '같이 해 봐요'로 또 다른 놀이를 할 수도 있고, '같이 읽어요'를 통해 같은 주제의 다른 그림책도 살필 수 있답니다.

이 책은 활동 난이도에 따라 이야기 순서를 배치했어요. 과정이 많을수록 아이들이 어려움을 느끼기 때문에 완성품을 만들기까지 몇 단계를 거쳐야 하는지를 기준으로 목차를 구성했지요. 1장에는 가족과 함께라면 미취학 아동도 할 수 있는 간단한 활동을 담았어요. 2장에는 10번 내외로 완성할 수 있는 작품 이야기가 실려 있지요. 3장에는 단계를 10번 이상 거쳐 완성하거나, 앞 활동보다 조금 더 정교하게 구성하는 작품을 담았답니다. 따라서 우리 아이의 발달 단계에 맞춰 그림책 종이놀이 활동을 할 수 있어요. 교실에서, 집에서, 꼭 나누고 싶은 주제의 그림책으로 종이놀이를 해도 좋아요. 그림책과 종이놀이의 만남, 생각보다 쉽고 즐겁답니다.

'읽고 말하며 만들고 놀면서' 성장하는 값진 순간! 『그림책 종이놀이』를 통해 멋진 작품도 만들고 책 읽는 재미도 만끽해 보세요!

아이들의 즐거운 일상을 응원하며
황진희·최정아·구은복

■ 차례

여는 글　함께 읽고 함께 만들며 성장하는 값진 순간! _ 4
읽기 전에 _ 12

1장　종이놀이와 친해져요 　난이도 ★☆☆

- 달콤한 도넛과 부드러운 머핀 『두근두근』 _ 20
- 고민 해결을 도와주는 마법의 컬링 『두더지의 고민』 _ 28
- 물 위에서 활짝 피는 종이꽃 『꽃꽃꽃』 _ 36
- 스트레스를 날려 주는 고구마 『고구마』 _ 44
- 진심을 담은 알사탕 『알사탕』 _ 50
- '굴러 굴러' 종이컵 볼링 『굴러 굴러』 _ 56
- 종이 공을 안아 주는 컵 공놀이 『너에게』 _ 62
- 빙글빙글 춤을 추는 알록달록 뱀 『뱀의 눈물』 _ 68

2장　종이놀이를 즐겨요 　난이도 ★★☆

- 종이가방으로 만든 나만의 조끼 『그건 내 조끼야』 _ 76
- 점프하는 두꺼비 『사소한 소원만 들어주는 두꺼비』 _ 84
- 자유롭게 꾸미는 사자 머리 모양 『미용실에 간 사자』 _ 90
- 때를 미는 종이접시 『우리 할머니는 못 말려』 _ 98
- 다양한 모양의 책갈피 『그래, 책이야!』 _ 104

- 마음을 담은 손바닥 꽃 『아빠 셋 꽃다발 셋』 _ 112
- 기분을 말해 주는 종이컵 감정 인형 『기분이 나빠!』 _ 118
- 소원을 보여 주는 우산 『신기한 우산 가게』 _ 126
- 협동심을 기르는 콧물끼리 종이컵 놀이 『콧물끼리』 _ 132
- 사막에서 만난 알록달록 아이스크림 『아이스크림』 _ 140

3장 종이놀이가 자신 있어요! 난이도 ★★★

- 더위를 식히는 수박 부채 『수박 수영장』 _ 148
- 걱정을 잡아 주는 벨크로 모기채 『모기 잡는 책』 _ 156
- 선물을 전하는 펭귄 배달부 『갈매기 택배』 _ 162
- 나눔 장터를 위한 팝업 카드 초대장 『쓰레기통 요정』 _ 170
- 나만의 팥빙수와 재미난 전설 『팥빙수의 전설』 _ 178
- 동물들과 함께 찍는 나만의 사진관 『숲속 사진관』 _ 186
- 물고기를 구출하라! 『감기 걸린 물고기』 _ 196
- 숨은 생쥐 찾기 『쥐구멍에 숨고 싶은 날』 _ 208

부록 종이놀이를 함께 하는 어른들을 위한 질문과 답변 _ 216
그림책 찾아보기 _ 220

■ 읽기 전에

1. 종이접기의 기본 약속

종이놀이는 자르고 붙이고 접는 활동으로 이루어져 있습니다. 그중 종이접기에는 우리가 '약속'이라고 부르는 기본 방식이 있습니다. 따라 해 보면서 종이접기와 친숙해져도 좋고, 가볍게 읽으며 어떤 과정이 있는지 살펴보기만 해도 좋겠습니다. 이 부분을 건너뛰고 바로 작품을 만드는 것도 가능하니 부담 없이 읽어 보세요.

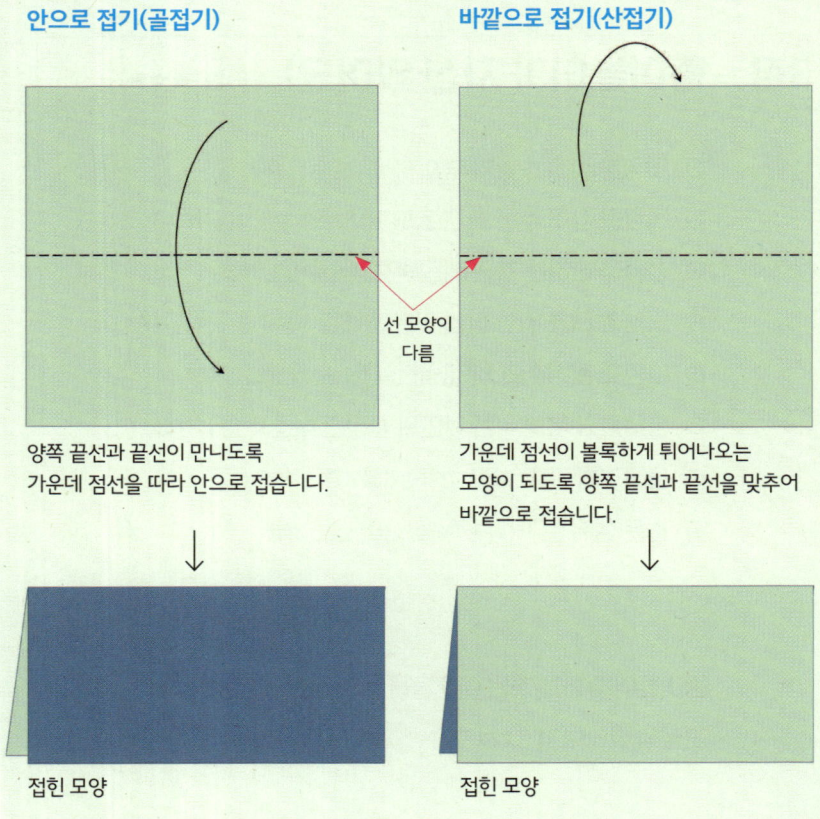

접었다 펴기

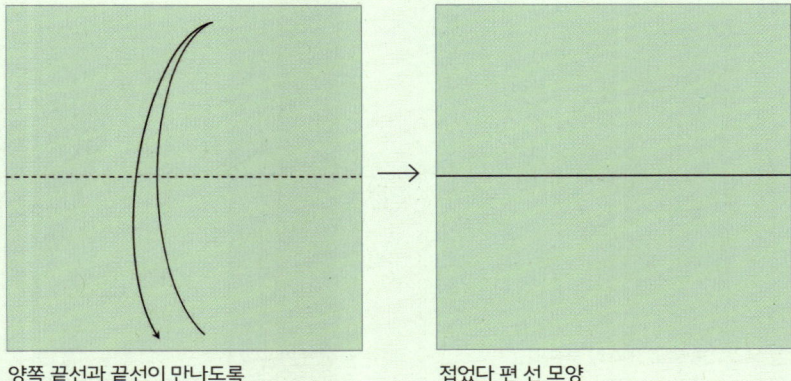

양쪽 끝선과 끝선이 만나도록 접은 후 다시 폅니다.

접었다 편 선 모양

대문 접기

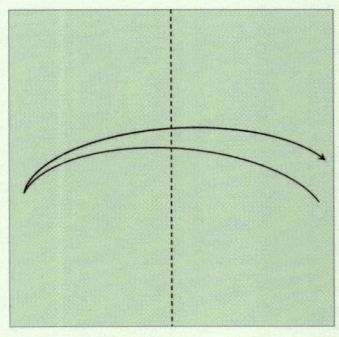

양쪽 끝선과 끝선이 만나도록 접었다 폅니다.

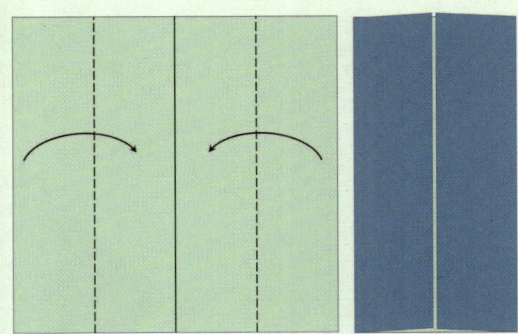

대문 모양이 되도록 가운데 중심선에 양쪽 끝선을 맞추어 접습니다.

아이스크림 접기

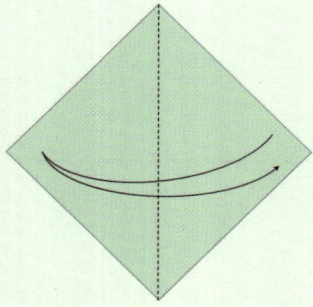 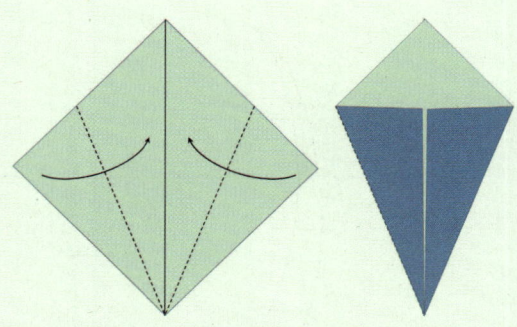

삼각형 모양으로 양쪽 뾰족한 부분이 만나도록 접었다가 폅니다.

양쪽 끝선이 가운데 선과 만나도록 점선을 따라 안쪽으로 접어 아이스크림 모양을 만듭니다.

방석 접기

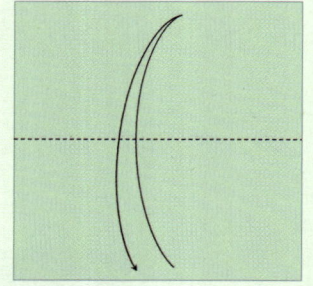 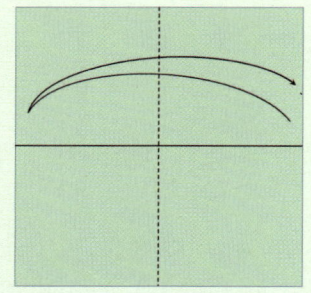

화살표 방향으로 위아래 끝선과 끝선이 만나도록 접었다가 폅니다.

화살표 방향으로 양쪽 끝선과 끝선이 만나도록 접었다가 폅니다.

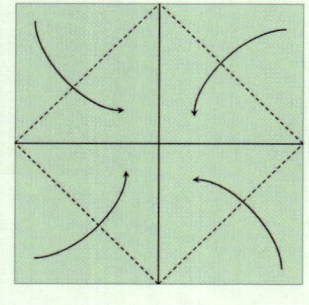 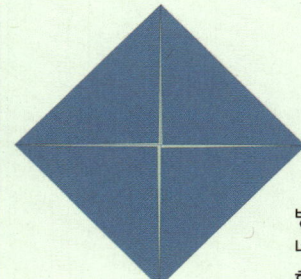

방석 모양이 되도록 종이의 네 귀퉁이를 중심점에 맞추어 화살표 방향으로 접습니다.

삼각 주머니 접기

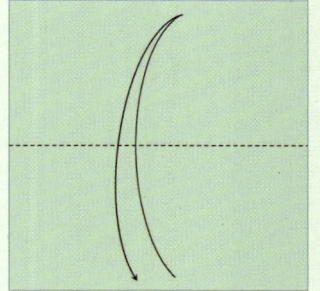

화살표 방향으로 위아래 끝선과 끝선이 만나도록 접었다가 폅니다.

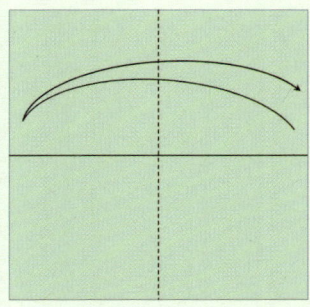

화살표 방향으로 양옆 끝선과 끝선이 만나도록 접었다가 폅니다.

종이를 뒤집습니다.

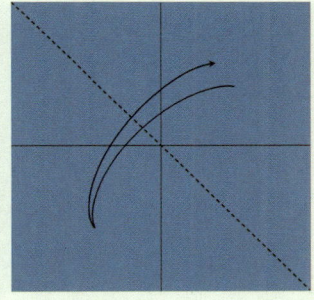

화살표 방향으로 세모 모양이 되도록 양쪽 뾰족한 부분을 맞추어 접었다가 폅니다.

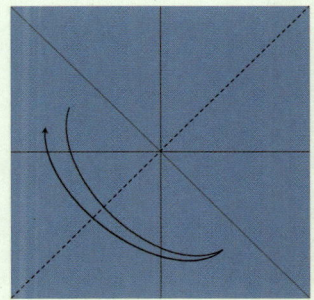

반대쪽도 같은 방식으로 접었다가 폅니다.

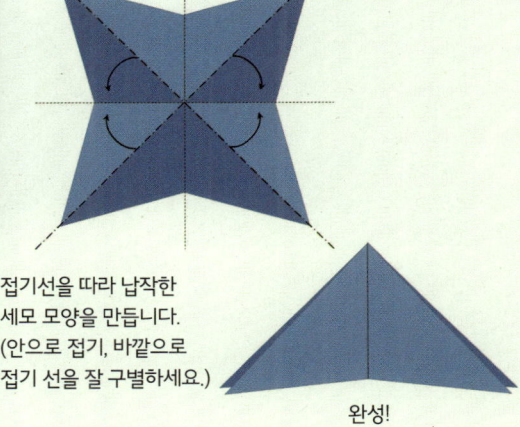

접기선을 따라 납작한 세모 모양을 만듭니다. (안으로 접기, 바깥으로 접기 선을 잘 구별하세요.)

완성!

사각 주머니 접기

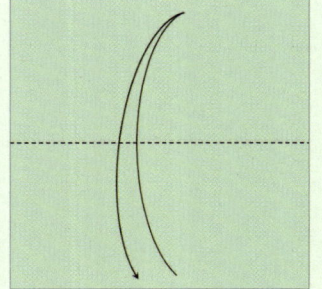

화살표 방향으로 위아래 끝선과 끝선이 만나도록 접었다가 폅니다.

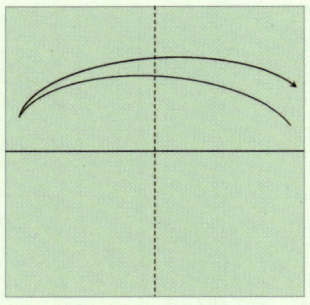

화살표 방향으로 양옆 끝선과 끝선이 만나도록 접었다가 폅니다.

종이를 뒤집습니다.

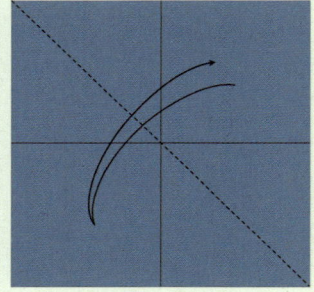

화살표 방향으로 세모 모양이 되도록 양쪽 뾰족한 부분을 맞추어 접었다가 폅니다.

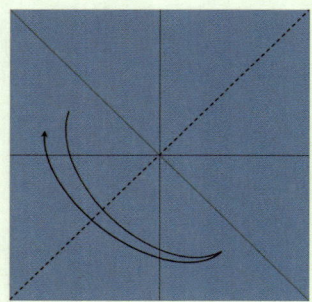

반대쪽도 똑같이 합니다.

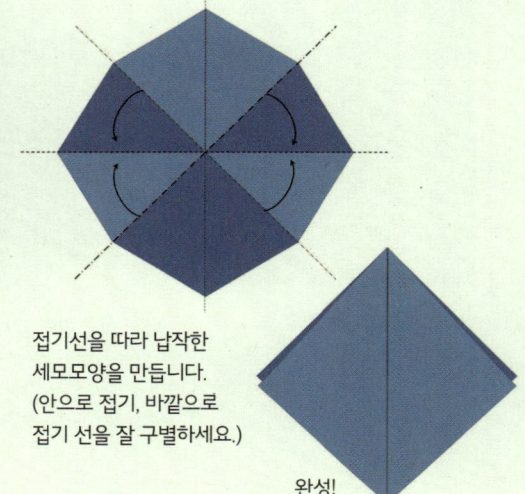

접기선을 따라 납작한 세모모양을 만듭니다.
(안으로 접기, 바깥으로 접기 선을 잘 구별하세요.)

완성!

2. 작품을 예쁘게 만드는 법

작품을 보기 좋게 만드는 방법은 간단합니다. 종이를 접을 때 설명선에 잘 맞추어 접는 것입니다. 접은 후 손톱 다림질을 하면 좋습니다. 종이놀이에서 '다림질'은 선이 잘 나올 수 있도록 선을 따라 꾹 눌러 주는 과정을 의미합니다. 손톱이 짧거나 손힘이 약한 경우에는 가위 손잡이를 이용해 다림질을 하면 종이가 깔끔하게 접힙니다.

3. 곡선을 예쁘게 자르는 법

많은 아이가 직선을 자르는 작업보다 곡선 자르기를 어려워합니다. 이때는 선을 바로 따려고 하지 말고 잘라야 하는 부분의 주변부를 먼저 간편하게 제거해 주세요. 잘리는 부분이 선에 가까울수록, 선 주위에 남는 부분이 좁을수록 굴곡을 따라 자르기가 수월합니다.

1장

종이놀이와 친해져요

난이도 ★☆☆
완성 소요 과정 : 5회 내외

> **색칠하면 뚝딱,
> 마음대로 구기기만 해도 작품 완성!
> 쉽고 간편한 과정으로
> 종이와 친해져 보세요**

달콤한 도넛과
부드러운 머핀

알록달록 예쁜 색종이로 종이 도넛과 종이 머핀을 꾸며
근사한 모양의 빵을 만들어 봐요.
진짜 요리사가 된다면 누구와 함께 먹고 싶은지
어떤 맛으로 만들지도 상상해 보세요.
교실에서 다 함께 만들면 재미난 시장놀이를 열 수도 있답니다.

두근두근
이석구 글·그림, 고래 이야기, 2015

빵 만들기를 좋아하지만 부끄러움이 많은 브레드 씨. 아는 사람을 만나도 두근두근, 모르는 사람을 만나도 두근두근. 아이들은 그런 브레드 씨의 마음에 공감합니다. 책장을 넘기다 보면 처음에는 발그레했던 브레드 씨의 두 뺨이 점점 원래대로 돌아오는 것을 알 수 있어요. 장면을 세세하게 들여다보는 재미가 있는 그림책입니다.

새 학기는 언제나 긴장되고 떨리는 시기입니다. 아는 친구들이 몇이나 있을지, 어떤 친구들이 한 반이 될지, 선생님은 무섭지 않을지…… 이 시기에 함께 읽기 좋은 그림책이 있습니다. 바로 『두근두근』이라는 작품입니다. 긴장, 두려움, 설렘, 기대를 모두 담고 있는 직관적인 제목이 아이들 시선을 사로잡습니다. 표지를 보자마자 아이들은 주인공이 부끄럼쟁이라는 사실을 알아챕니다. 두근두근이라는 글자 뒤에 얼굴을 숨기고 있으니까요.

 책장을 넘겨 함께 읽기 시작했습니다. 브레드 씨는 아는 사람을 만나도 두근두근, 모르는 사람을 만나도 두근두근합니다. 그런 탓에 모두가 잠든 밤, 브레드 씨는 혼자 빵을 만든다고 합니다. 그런데 하루는 문 잠그는 걸 깜빡했지 뭐예요. 맛있는 냄새를 따라 찾아온 코알라에게 브레드 씨는 조심스레 카스텔라를 대접합니다. 변비 걸린 생쥐에게는 야채빵을, 귀여운 고양이들에게는 붕어빵도 만들어 주고요. 하나둘 동물 친구들에게 빵과 마음을 내어 준 브레드씨는 두근두근 떨리는 마음을 이겨 내고 마침내 맛있는 빵집을 열게 된답니다.

부끄럼쟁이 브레드 씨 이야기를 들으며 아이들은 귀가 쫑긋해집니다. 자기도 빵을 좋아한다며 재잘대기도 하고, 변비 걸린 생쥐 이야기에 깔깔대기도 합니다. 브레드 씨의 빵을 먹어 보고 싶다는 아이도 있고 브레드 씨처럼 자구 두근거린다는 아이도 있습니다.

아이들 이야기를 모두 들은 후, 우리도 브레드 씨처럼 빵집을 열어 보자고 제안했습니다. 그러고는 오늘 함께 만들어 볼 빵을 소개했지요. 바로 달콤한 도넛과 부드러운 머핀입니다. 종이를 이용해 간단히 만들 수 있으면서도 꽤 그럴싸해 보이는 생김새에 아이들이 기대감을 보입니다. 빵을 만들면서 누구에게 선물하고 싶은지 물었습니다. 얼마 전 환경 공부를 하며 바닷속 그물에 걸린 거북이를 본 것이 마음에 와닿았는지 거북이에게 맛있는 빵을 나누고 싶다는 친구도 있고, 외롭게 지내는 사람들과 코로나19로 아픈 친구들을 떠올린 친구들도 있었습니다. 그 이야기를 글과 그림으로 표현해서 자신이 만든 빵과 함께 게시하도록 하였습니다.

아이들은 작품을 교실에 오래 두고 싶어 하지 않습니다. 그저 집에 가져가서 자랑하고 싶은 마음뿐입니다. 딱 이틀만 전시를 하기로 했습니다. 친구들의 작품을 감상하는 짧은 전시 기간이 끝난 후 종이 봉투를 준비해 예쁘게 담아 주었습니다.

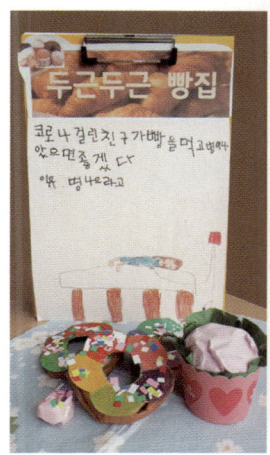  

같이 만들어요 ❶ : 달콤한 도넛

- 준비물 : 색한지(도넛 재료), 색종이(토핑 재료), 투명 테이프, 가위, 풀, 꾸미기 도안
- 만드는 법

❶ A4 용지 크기의 색한지 두 겹을 준비해요.
 (색종이 사이즈로 작은 도넛을 만들어도 돼요.)

❷ 한쪽 끝에서부터 돌돌 말아요.

❸ 긴 막대 모양을 동그랗게 말아 도넛처럼 만들고 끝부분은 테이프로 붙여요. 사진과 같이 구깃구깃 눌러 모양을 만들어요.

❹ 꾸미기 도안을 예쁘게 색칠하고 잘라요.

❺ 색종이에 얇게 가위집을 내고 조각조각 잘라 토핑 가루를 만들어요.

❻ 도넛에 ④의 도안을 붙이고 그 윗면에 다시 풀을 칠해요.

❼ 토핑 가루를 붙이면 예쁜 도넛 완성!

같이 만들어요 ❷ : 부드러운 머핀

- 준비물 : 신문지, 색한지, 가위, 베이킹 컵(종이컵)
- 만드는 법

❶ 신문지를 공처럼 뭉쳐요.

❷ 색종이 크기의 색한지로 신문지를 감싸요.

❹ 종이컵 또는 베이킹 컵을 준비해요.

❸ 색한지를 동그란 모양으로 하나 더 잘라 줘요.
(공을 살짝 감쌀 수 있는 크기가 적당해요.)

❺ 색한지 공을 둥글게 자른 한지에 싸서 베이킹 컵(종이컵)에 쏘옥 넣어 줘요.

❻ 부드러운 머핀 완성!

● 도넛 꾸미기 도안

- 도넛은 다양한 크기로 만들 수 있어요.
- 이 도안을 A4 용지에 복사하거나 직접 그려 사용하세요.
  큰 지름 8~9cm 크기가 적당합니다.

복사해서 예쁘게 색칠해 주세요.

한 걸음 더

같이 읽어요

『구름빵』
백희나 글·그림, 한솔수북, 2004

빵을 소재로 한 책 중 아이들에게 인기 만점인 작품입니다. 구름으로 만든 빵을 먹고 몸이 둥실둥실 떠오르게 된 날의 이야기이지요. 아이들은 아침을 먹지 않은 아빠에게 구름빵을 전달하러 도시 위로 날아오르기도 합니다.
함께 책을 읽고 구름빵 만들기 활동을 해 보세요. 머핀 만드는 과정과 비슷하며 신문지 대신 하얀 솜을 둥글게 뭉쳐 한지로 감싸 주면 구름빵이 완성됩니다. 맛있는 구름빵을 먹고 어디로 날아가고 싶은지 이야기해 보면 더욱 좋겠지요.

도란도란 이야기 시간

- 브레드 씨처럼 수줍음이 찾아올 때가 언제인지 아이들에게 질문해 보세요. 발표를 할 때, 새 학년이 되어 새로운 친구들을 만나야 할 때, 길 가다 이웃을 마주쳐서 인사를 건네야 할 때, 부끄러워 자꾸 숨고만 싶다면 어떻게 할 수 있을까요?
- '상상의 빵'에 관련된 이야기를 나눠도 재미있어요. 마법 같은 제빵 능력을 갖게 된다면 어떤 빵을 만들고 싶은가요? 먹으면 하늘을 날게 되는 빵, 사람들의 생각과 마음이 보이는 빵, 과거의 행복한 시간으로 잠시 돌아가게 되는 빵! 특별한 빵을 자유롭게 상상해 보고, 왜 그런 빵을 만들고 싶은지도 이야기해 보세요.
- 도넛을 만들어 아이들과 시장놀이도 해 보세요. 물건을 사고파는 과정에서 흥정도 하고, 거스름돈도 챙기며 경제 활동을 간접적으로 체험해 볼 수 있답니다.

고민 해결을 도와주는
마법의 컬링

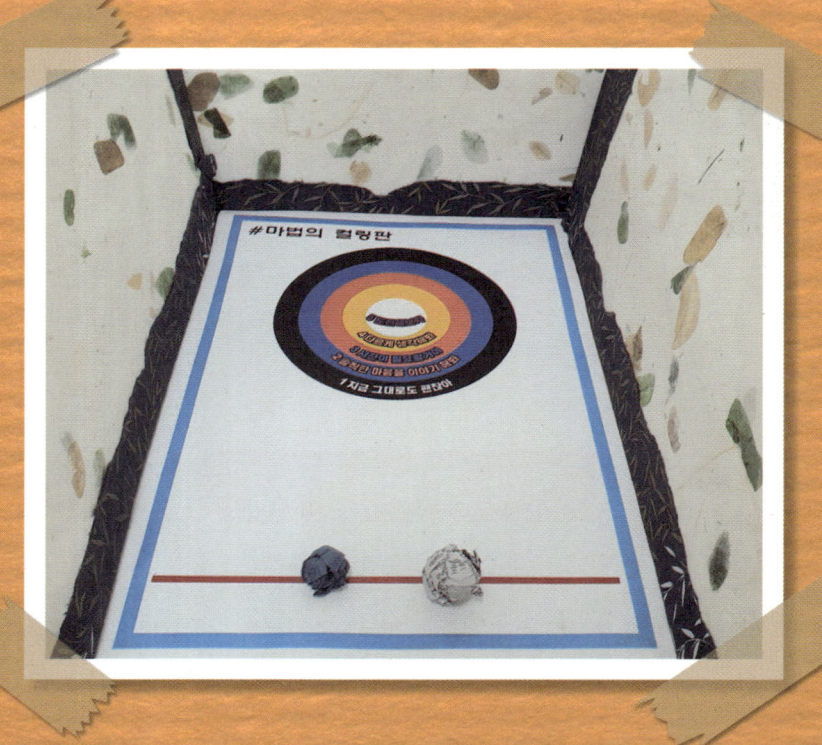

컬링 과녁 안에 우리를 기운 나게 하는 말이 적혀 있어요.
고민이 있을 때 공을 굴려 보세요!
종이공이 도착하는 곳에서 우연히 만난 말이
뜻밖의 해답을 줄 수 있으니까요!
친구들과 놀이를 함께 하며
응원의 말을 직접 들려주면 효과 만점이지요.

두더지의 고민
김상근 글·그림, 사계절, 2015

두더지에게 고민이 생겼어요. 고민거리는 생각하면 생각할수록 더 큰 걱정으로 불어나는 것 같습니다. 마치 눈밭에서 굴리면 굴릴수록 커지는 눈덩이 같지요. 두더지가 눈덩이를 굴렸을 때, 과연 어떤 일이 일어날까요?

교실에 들어오는 아이들의 모습을 보면 많은 것을 알 수 있습니다. 가벼운 발걸음으로 문을 여는 아이도 있고, 복도에서부터 실내화 끄는 소리를 내며 축 처진 어깨로 오는 아이도 있습니다. 땅을 보며 힘없이 걸어오는 아이에게는 불편한 마음이 엿보입니다. 그 곁에 다가가 속삭이듯이 물어보았지요.

"오늘 무슨 고민 있어?"

아이의 이야기를 가만히 귀 기울여 들었습니다. 해결할 수 있는 고민도 있고, 아무리 노력해도 당장 풀리기 어려운 고민도 있었습니다. 고민을 해결하는 일도 중요하지만, 무엇보다 그 걱정을 품고 있는 내내 마음이 무거워서 힘들다고 합니다. 아이들과 함께 고민을 나누고 서로에게 힘이 되는 방법을 생각해 보기로 했어요. 그림책 『두더지의 고민』을 펼쳤습니다.

눈이 쏟아지는 밤. 두더지에게 고민이 생겼어요. 바로 친구가 없다는 거예요. 할머니 두더지는 고민이 있을 땐, 눈덩이를 굴려 보라고 하셨어요. 두더지는 머리 위에 쌓인 눈을 모아 굴렸어요. 굴리는 데에만 몰입한 나머지 앞에 누가 있는지 보지 못해요. 커다란 눈덩이 속으로 개구리, 토끼, 여우, 멧돼지, 곰이 하나씩 파묻혀요. 이 장면을 본 아이들은 답답해해요. 두더지가 주변을 돌아봤다면 다른 동물과 친구가 될 수도 있었는데, 기회를 놓치는 모습이 안타깝기 때문이에요. 다행히 두더지는 한참 눈을 굴리다가 눈덩이 속 동물들의 이야기를 듣게 돼요. 눈을 파헤치고 들어가 친구들을 만나지요. 읽기를 잠시 멈추고 아이들에게 물었어요.

"친구들의 이야기를 들은 두더지는 어떤 생각이 들었을까요?"

아이들이 대답했어요.

"나만 친구 고민을 하는 게 아니구나. 친구들도 나랑 똑같은 고민을 했구나. 친구들도 힘들었겠다 생각했을 거예요."

우리도 자신의 고민을 말하고, 들어 주는 시간을 마련하기로 했어요. '마법의 컬링 놀이'를 시작했습니다. 종이공이 구르다 멈춘 곳에는 고민을 덜어 줄 위로의 말이 적혀 있습니다. 물론 어떤 말을 컬링판에 적을지 아이들과 함께 정해 보았지요.

"지금 그대로도 괜찮아."

"솔직한 마음을 이야기해 봐."

"시간이 필요할 거야."

"다르게 생각해 봐."

"도전해 보자."

아이들은 어떤 말이 상대방을 힘나게 하는지 잘 알고 있네요.

앞으로 고민이 생겼을 때, 언제든지 이 컬링판을 이용하기로 했어요. 종이공이 원하는 곳에 다다를 수도 있고, 생각과 다른 곳에서 멈출 수도 있어요. 그래도 괜찮아요. 놀이로 친구와 웃고 놀다 보면 그 순간만큼은 고민으로부터 가벼워질 수 있지 않을까요?

같이 만들어요 : **마법의 컬링**

- ■ 준비물 : 신문지나 재활용 가능한 종이(공 만드는 용도), 격려의 말을 붙일 컬링판
- ■ 컬링공 만드는 법

신문지나 재활용 종이에 고민을 적고 공처럼 동그랗게 뭉쳐요.

- ■ 고민 해결을 도와주는 마법의 주문

5 도전해 보자

4 다르게 생각해 봐

3 시간이 필요할 거야

2 솔직한 마음을 이야기해 봐

1 지금 그대로도 괜찮아

아이들과 이야기하며 고민을 해결해 주는 말(마법의 주문)과 점수를 정해요.
컬링놀이판에 말과 점수를 써넣거나, 프린트물을 붙여 놀이판을 만들 수 있어요.

● **마법의 컬링놀이판**

복사해서 쓰면 됩니다. 컬러 복사를 해도 좋고 직접 색칠해도 좋아요.

한 걸음 더

같이 읽어요

『고민 해결사 펭귄 선생님』
강경수 글·그림, 시공주니어, 2020

어떻게 하면, '고민'이라는 것을 해결할 수 있을까요? 펭귄 선생님의 비법이 있어요. 바로 묵묵히 들어 주는 것입니다. 경청하는 상대가 있다는 것만으로도 마음이 한결 가벼워질 테니까요. 이 그림책에는 깜짝 반전도 있습니다. 상담하러 온 동물들이 모두 돌아가면, 우리는 펭귄 선생님의 비밀을 알게 됩니다. 하루 종일 고민 얘기 듣기가 쉽지 않을 텐데, 펭귄 선생님은 특별한 장치를 사용하거든요!

같이 해 봐요

우리 집 고민 상자를 만들어 봐요. 고민을 종이에 적어서 상자에 넣으면, 가족들이 돌아가며 그 고민을 읽고 답장을 댓글로 달아 줄 수 있지요.
종이상자 또는 종이가방의 아랫부분을 잘라 고민 쪽지가 담길 공간을 만들어요. 고민 쪽지는 포스트잇에 적어 상자의 안쪽 면에 붙일 수도 있고, 텐트 모양으로 접은 종이에 적어 세워 둘 수도 있답니다.

우리 집 고민 상자

고민 쪽지 나누기

도란도란 이야기 시간

◎ 상대방의 마음을 이해하고 그 마음을 함께 느끼는 일을 '공감'이라고 해요. 친구들과 고민을 나누어 보고 서로에게 공감하는 시간을 마련해 보세요. 또 우리 가족에게 고민이 생겼을 땐, 어떻게 해결할 수 있는지 생각해 보세요. 가족회의 시간을 마련하면 어때요? 한 명씩 돌아가면서 해결 방법을 이야기하고 가장 많은 표를 받은 의견을 해결책으로 삼거나, 가족의 의견을 합쳐서 더 좋은 의견을 이끌어 내 봐요. 일주일에 한 번이라도 '우리 가족 고민 해결 시간'을 보낸다면, 개인적인 걱정거리도 스르르 녹지 않을까요?

물 위에서
활짝 피는 종이꽃

예쁘게 꾸민 종이꽃을 물에 띄우면
마술처럼 꽃이 활짝 피어난답니다.
꽃 안에 비밀 메시지를 숨기면
속마음을 재치 있게 전할 수 있습니다.
종이가 물에서 펴지는 원리도 알아보세요!

꽃꽃꽃
임수정 글, 송수은 그림, 노란돼지, 2020

꽃으로 가득한 봄 풍경이 밝고 따뜻합니다. 개나리, 벚꽃, 채송화, 샐비어, 접시꽃, 붓꽃 등 여러 봄꽃과 개미, 나비, 꿀벌, 고양이, 애벌레가 어우러지는 계절이지요. 봄꽃의 아름다움을 느끼며 의성어와 의태어도 함께 익힐 수 있습니다.

따듯한 햇살, 시원한 바람, 파릇파릇한 새싹에서 봄기운이 가득 느껴지는 날입니다. 하얗고 커다란 목련이 피었다 지고 나면 벚꽃이 가지 끝에서 팝콘처럼 팡팡 터져 나오고, 진달래와 개나리, 철쭉이 인사를 합니다. 어쩜 이리도 봄은 알록달록 아름다운 색을 가졌을까요.

이제 막 돋아나는 작은 새싹을 보니 아이들이 떠오릅니다. 여린 풀잎의 색과 감촉이 아이들의 때묻지 않은 미소와 보드라운 웃음을 닮아서입니다. 그런 아이들은 학교를 오가며 이 따스한 봄을 얼마나 느끼고 있을까요.

시간을 내어 아이들과 함께 학교 정원으로 향했습니다. 오순도순 둘러앉아 눈을 감고 포근한 햇살과 시원한 바람을 느껴 봅니다. 학교 정원에 피어 있는 알록달록한 여러 가지 꽃을 살피고 이름표도 확인해 보았습니다. 누군가는 네잎클로버를 찾아 친구들과 행운을 나누기도 했습니다.

교실로 돌아오니 아이들 얼굴에 서운함이 가득합니다. 아쉬운 마음을 달래려 그림책『꽃꽃꽃』을 꺼냈습니다. 화사한 분홍색 표지를 본 아이들은 벚꽃 구경을 간 이야기, 좋아하는 색 이야기로 벌써 떠들썩합니다.

반복 구성의 재미를 느끼며 여러 꽃과 꽃 주변에서 쉽게 볼 수 있는 곤충, 동물을 알게 됩니다. 도시 생활에 익숙한 아이들은 책을 통해 봄이라는 자연을 만납니다. 이제 종이로 작품을 만들어 볼 시간입니다. 꽃잎을 가운데 방향으로 접어 모은 다음 물에 띄우면 저절로 꽃을 피우는 종이꽃입니다.

"꽃잎을 이쁘게 꾸며 주고 한가운데에는 짧은 편지도 적어 주세요. 꽃잎이 접혀 있을 때는 글이 보이지 않지만 잎이 벌어지면 다 같이 확인할 수 있게 말이에요. 꽃이 피어날 때 우리에게 말을 건다고 생각하고 꽃에게 듣고 싶은 이야기를 적어 보세요."

"선생님. 친구에게 해 주고 싶은 말 써도 돼요? 비밀 편지처럼요."

수업은 언제나 계획대로 흘러가지 않습니다. 그래. 너희들이 그렇게 하고 싶다면 얼마든지. 친구, 가족을 포함하여 누구에게라도 좋으니 하고 싶은 이야기를 꽃 안에 담아도 좋다고 했습니다.

아이들이 종이꽃을 색칠하는 동안 물을 받아 교실 앞에 놓아두었습니다. 첫 번째로 완성한 아이가 꽃을 들고 나오며 친구 한 명을 불러냅니다. 그 친구에게 하고 싶은 말을 쓴 모양입니다. 꽃을 물에 띄우자 다른 친구들까지 몰려옵니다. 처음으로 꽃이 피어나는 현장을 놓칠 수 없겠지요. 꽃잎이 벌어지고, 한가운데에는 '내일도 같이 놀자'는 이야기가 적혀 있습니다.

역시 단짝 친구는 다르네요. 아이들은 완성한 꽃잎을 들고 하나둘 대야 앞으로 몰렸습니다. 준비물을 빌려줘서 고맙다는 인사, 친구들이 다 예쁘다는 말에 미소가 절로 지어집니다. 치킨, 장난감을 사 달라는 말도 있습니다. 원하는 것을 재치있게 표현하는 아이들이 기특하고 귀엽습니다. 꽃잎이 스르르 열리면, 또 어떤 말이 우리를 웃게 해 줄까요? 같이 만들어 봅시다!

같이 만들어요 : **물에 띄우는 종이꽃**

■ 준비물 : 꽃 모양 도안, 색칠 도구, 가위, 물통, 물, 네임펜

❶ 꽃 모양 도안을 준비해요.

❷ 예쁘게 색칠하고 가운데에 글을 써요. 메시지를 쓸 때 네임펜을 사용하면 번지지 않아요.

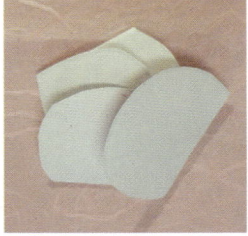
❸ 꽃잎을 가운데로 모아 접어 줘요.

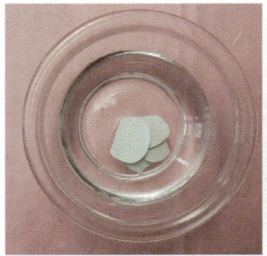

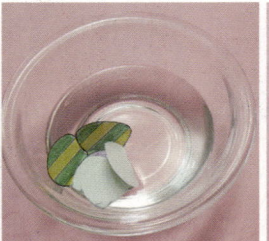

❹ 물에 띄우면 꽃이 활짝 피어나요.

> ※ **수분을 머금으면 꽃잎이 펴지는 원리**
>
> **모세관 현상:** 종이에는 눈에 보이지 않는 구멍이 뚫려 있는데 그 틈새로 물이 빨려 들어가며 종이가 팽창해서 벌어지는 현상. 꽃잎 모양과 꽃 크기에 따라 펼쳐지는 속도가 달라요.

● **꽃 모양 도안**

복사해서 사용해도 되고 색종이로 나만의 꽃 모양을 만들어도 좋아요.
종이 중량 85그램 이상인 도톰하고 매끈한 종이가 물에서 더 빨리 펴집니다.

한 걸음 더

같이 읽어요

『꽃에서 나온 코끼리』
황K 글·그림, 책읽는곰, 2016

소년은 학교에서 돌아오는 길에 처음 보는 꽃을 만납니다. 꽃잎에 둘러싸인 수술이 마치 코끼리 상아를 닮은 꽃이지요. 그런데 그 꽃에서 정말 자그마한 코끼리가 걸어 나오지 뭐예요? 소년과 코끼리는 함께 시간을 보냅니다. 바람개비를 가지고 놀기도 하고 소년이 코끼리에게 풀과 물을 먹이기도 합니다.

꽃에서 코끼리가 나오는 모습을 상상하며 종이꽃 띄우기 놀이를 해 보세요. 도안 한가운데 동그라미에 코끼리 얼굴을 그리고 코를 길쭉하게 붙여 주어도 좋습니다. 만나고 싶은 동물을 그려 보는 활동은 어떨까요? 아직 글이 익숙하지 않은 아이에게 그림으로 다가가는 더욱 즐거운 활동이 될 거예요.

도란도란 이야기 시간

◎ 책 속에 어떤 꽃들이 나오는지 찾아보고 그 꽃에 관한 정보를 정리해 보아요. 꽃이 피고 지기까지 얼마나 걸리는지, 어떤 열매가 열리는지 등을 알아보는 활동이에요. 꽃들 주위를 서성이는 개미, 닭, 나비의 습성도 찾아보아요. 어떤 과정을 거쳐 태어나는지, 얼마나 자라야 어른이 되는지 말이에요. 그림책을 통해 재미난 생태 수업도 할 수 있답니다.

스트레스를 날려 주는 고구마

고구마를 먹다가 목이 멜 때는 물을 마시면 되지만,
목이 아니라 마음이 답답할 때는 어떻게 해야 할까요?
우리는 종종 마음에 와서 콱 얹히는,
보이지 않는 고구마를 만나기도 하거든요.
종이를 마구 구겨 고구마를 만들면서, 답답한 마음을 풀어 봐요!

고구마

최정아·황진희 글, 조아영 그림, 걸음동무, 2020

뭔가 생각대로 잘 풀리지 않을 때, '에휴, 고구마네!' '고구마 100개 먹었다!'는 표현을 종종 합니다. 언제 어디서 시작됐는지 모르지만, 퍽퍽한 채소의 대표 격인 '고구마'로 상황과 마음을 드러낸 말이 참 재미있습니다. 엄마에게 계속 잔소리를 듣던 주인공 소녀는 자신의 심정을 고구마로 멋지게 표현합니다. 이런 상황에서 우리라면 어떤 선택을 할지 책을 읽으며 함께 상상해 봅시다.

아무리 맛있는 고구마도 물 없이 먹으면 목이 막히고 가슴이 답답합니다. 이렇게 목이 꽉 막히는 것처럼, 우리도 그런 답답한 순간이 한 번쯤 있었을 거예요. 혼자 있고 싶은데 누군가 귀찮게 할 때, 친구와 오해가 쌓였을 때, 누군가 내 말을 들어 주지 않을 때. 고구마 같은 순간은 수없이 많아요. 그럴 때 여러분은 어떻게 행동하나요? 입을 꾹 닫아 버릴 수도 있고, 일기장에 그 마음을 쓸 수도 있어요. 어쩌면 나쁜 말을 써 감정을 마구 표현하거나 상대와 싸운 적도 있을 거예요. 자신의 마음을 잘 전달할 수 있으면 얼마나 좋을까요? 그림책『고구마』를 함께 읽어 보았습니다.

　표지에는 고구마를 바라보는 소녀의 의미심장한 표정이 그려져 있습니다. 뭔가 일을 벌일 것만 같은 얼굴입니다. 호기심을 안고 책

장을 넘겼습니다. 아빠와 TV를 보던 아이는 답답할 때 '고구마 먹은 것 같다.'고 표현한다는 것을 알게 됩니다. 아이는 엄마에게 쪼르르 달려가 말을 붙입니다. 하지만 엄마의 관심은 숙제뿐이지요. 속상한 마음을 안고 방으로 향하던 아이는 장난감에 정신이 팔려 빨래 더미 위로 떨어지고, 엄마는 불호령을 내립니다. 엄마 말대로 책도 읽고, 동생과 놀아 주지만, 엄마의 표정은 나아지지 않습니다. 이번에는 답답한 마음을 아빠에게 슬며시 표현해 보지만 역시나 돌아오는 것은 잔소리뿐입니다. 하지만, 주인공은 자기 마음을 영리하게 표현할 줄 알았나 봅니다. "너~무 답답한" 엄마와 아빠에게 손수 만든 '이것'을 건네주거든요! 주는 사람도 받는 사람도 모두 마음이 상하지 않게 말이지요. 아이들에게 물었습니다.

"여러분도 고구마 먹은 것처럼 마음이 답답했던 순간이 있나요?"
"숙제를 다 했는데, 엄마가 안 믿어 주셨을 때요!"
"동생이 잘못했는데, 제가 첫째니까 이해하라고 했을 때요."

그랬구나, 그럴 때 속상했구나. 아이들 마음을 토닥여 가며 물었습니다. 그렇게 답답한 마음이 들 때 어떻게 하느냐고요.

"밥도 안 먹고 그냥 방에 들어가 있어요."
"저도 제가 맞다고 소리 지르면서 싸워요."
"이불 속에서 이어폰 끼고 엄청나게 큰 소리로 노래 들어요."
"말하고 싶은데 서러워서 눈물부터 나올 때가 많아요."

종이놀이도 고구마 먹은 마음을 가라앉히는 훌륭한 소화제입니다. 아이들이 스트레스를 훌훌 털 수 있도록 신문지와 한지로 고구마를 만들어 봅니다. 자신이 만들 고구마 크기에 맞춰 신문지를 손으로 찢고 마구 구겨요. 종이가 바스락바스락 뭉쳐질 때마다 아이들의 표정이 밝아져요.

"선생님, 스트레스가 풀리는데요?"

신문지를 구기고 뭉쳐 고구마 형상을 만들었다면 이제 노란색과 갈색 색한지로 감싸는 일이 남았어요. 힘들이지 않고 만들었는데, 진짜 고구마 같아요. 종이 고구마를 가족에게 선물하기로 해요. 직접 만든 선물은 깊은 대화를 할 때 생기는 쑥스러움과 어색함을 조금 덜어 주거든요. 몇몇 아이들은 편지를 함께 쓰겠다고 하네요.

신문지와 한지로 고구마를 완성한 아이들의 얼굴에서 후련함이 엿보입니다. 여러분도 고구마를 만들며 스트레스도 풀고, 자신의 마음도 부드럽게 표현할 기회를 만들어 보세요!

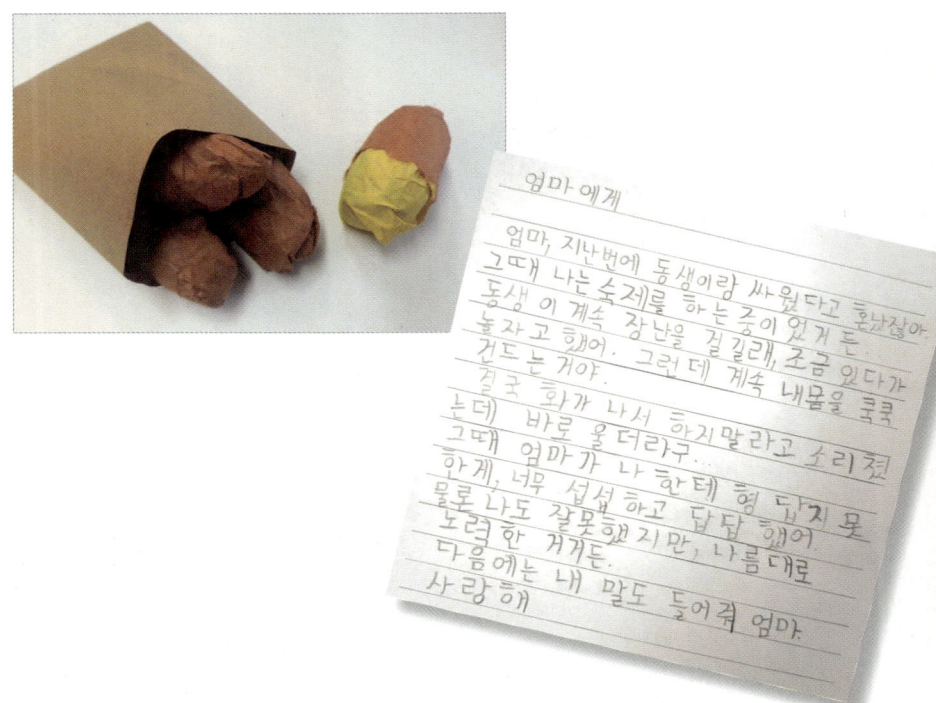

같이 만들어요 : **스트레스를 해소해 줄 고구마**

- 준비물 : 신문지, 한지(노랑, 갈색), 풀
- 만드는 법

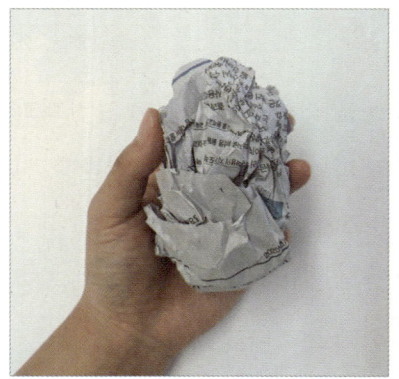

① 신문지를 뭉쳐서
고구마 모양으로 만들어요.

② 노란 한지로 신문지를 감싸고 풀로 붙여서
고구마 속을 만들어요.

③ 고구마의 아랫부분을 갈색 한지로 감싸고
풀로 붙여서 고구마 껍질처럼 보이게 해요.
(한지는 손으로 찢는 게 예뻐요.)

④ 신문지로 만든 고구마를
갈색 한지로만 감싸서 붙이면
껍질을 안 깐 고구마가 돼요.

한 걸음 더

같이 해 봐요

점토로 고구마 만들기

종이뿐만 아니라 점토로도 고구마를 만들 수 있어요. 점토는 말랑말랑한 촉감도 재미있고 형태를 표현하기도 쉬워서 아이들이 좋아하는 재료입니다. 이렇듯 하나의 대상을 촉감이 다른 두 가지 재료로 표현해 보는 것도 색다른 미술 활동이 된답니다.

❶ 노란 점토는 고구마 속 모양으로 만들고 갈색 점토는 얇게 펼쳐 줘요.

❷ 갈색 점토로 고구마 속을 감싸고 남은 부분은 자나 손을 이용해 떼어 내요.

❸ 점토 고구마 완성!

도란도란 이야기 시간

◎ 나 역시 누군가에게 고구마 먹은 듯 꽉 막힌 마음을 안긴 적이 있을까요? 친구가, 가족이, 나에게 '너 때문에 속상했어.' 하고 고구마를 선물한다면 어떤 점 때문이었을지 짐작해 보세요.

◎ 서로의 진심을 나누는 시간을 정해 놓으면 어떨까요? 일주일에 한 번, 서운한 마음을 솔직하게 이야기하고 사과하며 털어 버리는 시간을 만들어 보세요. 건강하게 관계 맺는 법을 배울 수 있을 거예요.

진심을 담은 알사탕

그림책 『알사탕』의 주인공 동동이는 마법 알사탕을 먹고
다른 이들의 속마음을 알게 됩니다.
우리도 마음을 들려주는 알사탕을 만들어 봐요.
숨겨 두었던 진심을 꾹꾹 눌러 쓰고 달콤한 알사탕을 넣어 포장하면 완성!
받는 사람도 분명 좋아하겠지요?

알사탕

백희나 글·그림, 책 읽는 곰, 2017

아이들이 놀고 있는 놀이터. 동동이는 구석에서 혼자 구슬치기를 합니다. 친구들에게 다가가 같이 놀자고 할 법도 한데 아직 낯을 많이 가리나 보네요. 하지만 동동이는 마법의 알사탕을 만나고 작은 변화를 맞게 됩니다. 마음을 전달하는 일, 먼저 다가가는 일의 의미를 일깨우는 그림책입니다.

많은 사람들이 '용기가 안 나서, 부끄러워서, 타이밍을 놓쳐서, 늘 곁에 있는 존재니까 말하지 않아도 알 것 같아서' 등 수많은 이유로 진심을 꺼내는 데 인색합니다.

하지만 '마음'은 겉으로 드러내고 표현할 때 더 잘 전달됩니다. 엄마가 나를 사랑한다는 걸 알지만 엄마가 직접 "사랑해."라고 들려주면 마음이 푸근해지고 기분이 좋지요. 그림책 『알사탕』에서는 사탕이 우리들을 도와 줍니다.

동동이는 구슬을 사러 간 문방구에서 구슬처럼 생긴 알사탕을 발견하고 가져옵니다. 왠지 익숙해 보이는 체크무늬 사탕을 입에 물자 갑자기 소리가 들립니다. 동동이 아빠의 방귀 때문에 숨쉬기 힘드니 아빠가 소파에 앉아 방귀 좀 그만 뀌게 해 달라는 애달픈 부탁이었지요. 바로 사탕과 무늬가 같은 체크무늬 소파의 말이었습니다. 그림책을 함께 읽어 가던 우리 반 아이들은 웃겨서 뒤집어집니다. 다시 그림책으로 돌아가 볼까요? 동동이는 새로운 사탕을 꺼냅니다. 이번엔 누구 목소리가 들릴까요? 바로 반려동물 구슬이었습니다. 알사탕 덕분에 동동이와 구슬이는 8년간 쌓인 오해를 풉니다. 그때 아빠의 잔소리가 들려옵니다. 숙제하고 청소하고 씻으라는 이야기가 끝도 없이 이어지지요. 그 소리가 지겨운 동동이는 이불을 뒤집어쓰고, 아빠처럼 까칠한 사탕을 먹습니다. 과연 아빠의 진심은 무엇일까요?

그림책에서 알사탕이 다른 존재의 속마음을 전해 줬던 것처럼, 우리도 '진심을 담은 알사탕'을 만들어 보기로 했습니다. 알사탕 봉지에 전하고 싶은 마음을 쓰고, 달콤한 사탕을 포장해서 선물하는 거지요.

알록달록 다양한 색과 무늬를 가진 종이를 펼쳤어요. 아이들은 포장할 종이도 아주 신중하게 고릅니다. 빨간 물방울무늬를 고른 아이는 사랑하는 마음을 표현하고 싶대요. 초록색 종이를 고른 아이는 아빠에게 한 번 더 캠핑 가자고 말하겠다 하고요. 아이들은 고심 끝에 고른 종이에 진심을 한 자, 한 자 써넣은 다음 맛있는 사탕을 골라 조심스럽게 포장했어요.

알사탕은 저마다의 소중한 마음을 품고 있어요. 수업이 끝나자 한 아이가 제게 슬며시 알사탕을 건넵니다. 포장지를 벗기자 '제 선생님이 되어 주셔서 너무 좋아요. 고마워요, 사랑해요.'라고 적혀 있습니다. 작은 알사탕이 선사해 주는 행복과 기쁨은 정말 컸지요. 여러분도 진심을 담은 알사탕으로 마음을 표현해 보세요.

같이 만들어요 : 진심을 담은 알사탕

- 준비물 : 사탕, 무늬 종이(색종이), 네임펜, 핑킹가위, 펀칭기
- 만드는 법

❶ 사탕 포장지의 바깥면이 바닥쪽을 향하게 놓아요.

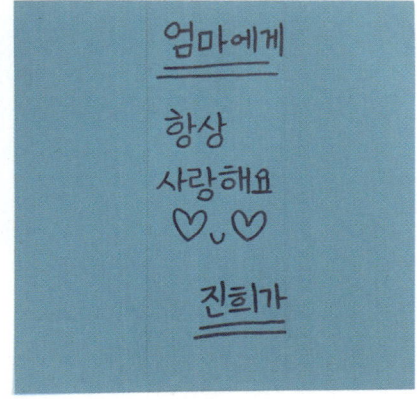

❷ 포장지 안쪽 면에 네임펜으로 편지를 써요.

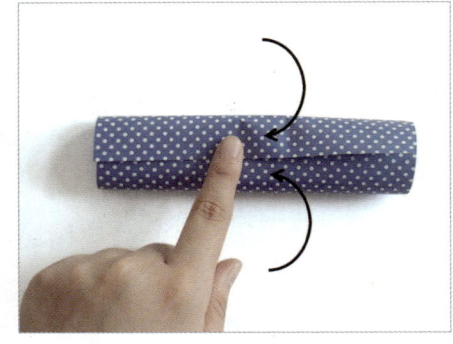

❸ 편지 위에 사탕을 놓아요.

❹ 종이를 말아서 사탕을 덮어요.
(풀이나 테이프로 붙여도 좋아요.)

❺ 양 끝을 손으로 말아서 고정해요.
(빵끈으로 묶어도 좋아요.)

❻ 핑킹가위로 사탕의 끝을 잘라요.

[선택] ❼ 색종이를 네모로 잘라 선물 태그를 만들어요.

[선택] ❽ 펀칭기로 태그 위쪽에 구멍을 내고, 사진처럼 사다리꼴 모양으로 잘라요.

[선택] ❾ 선물 받을 사람 이름을 쓰고 구멍에 빵끈을 끼워요.

[선택] ❿ 알사탕에 선물 태그를 감으면 완성!

도란도란 이야기 시간

◎ 마음 사탕을 누구에게 주고 싶은지, 어떤 이야기를 담고 싶은지 생각해 적어 보아요. 사춘기인 형과 대화하고 싶을 때, 같은 반 아이와 친해지고 싶을 때, 가족에게 감사를 표현하고 싶을 때 좋은 선물이 될 거예요.

◎ 그림책 속 문방구 할아버지는 왜 알사탕을 팔까요? 동동이의 마지막 알사탕만 투명했던 이유는 무엇일까요? 투명 사탕을 먹고 동동이에게 일어난 변화를 보고 무엇을 느꼈나요? 이외에도 함께 나눌 수 있는 이야기가 참 많은 그림책입니다.

'굴러 굴러' 종이컵 볼링

우리를 속상하게 하는 말은 무엇이 있을까요?
그 이야기들을 모아 종이컵 바깥면에 붙이고
컵을 피라미드처럼 쌓아 보세요.
신문지 공으로 볼링을 하듯 컵을 시원하게 날려 버리며
속상한 마음도 함께 털어 버려요.
"스트라이크!"

굴러 굴러
이승범 글·그림, 북극곰, 2020

언제나 아이들의 웃음 버튼이 되어 주는 '똥'을 소재로 했어요. 개미는 똥이 작다고 다른 동물들에게 놀림을 받습니다. 개미의 마음에 공감해 보세요. 친구의 겉모습보다 내면에 시선을 기울여야 한다는 메시지가 유쾌한 반전에 담겨 있습니다.

교실이라는 좁은 공간에서 30명에 가까운 아이들이 함께 생활하다 보면 부딪치는 일이 많습니다. 의견이 다르기도 하고, 감정 전달이 어설퍼 상대방을 속상하게 하기도 하지요. "누가 저랑 놀기 싫대요." "누가 저 놀렸어요." 마음을 다친 아이들은 하루에도 열두 번씩 제 옆을 찾아옵니다.

하지만 교사인 제가 아이들 간의 갈등을 하나하나 해결하기에 역부족일 때가 많습니다. 이럴 때 그림책을 읽고 재미있는 놀이를 하며 서운하고 속상한 마음을 해소할 수 있다면 좋겠지요. 저는 『굴러 굴러』라는 그림책을 함께 읽었습니다. 이야기에 등장하는 개미와 동물 친구들이 아이들 모습과 어쩐지 닮아 있거든요.

개미와 친구들은 소풍에서 간식을 나눠 먹습니다. 그런데 부스러기만 먹는 개미를 친구들이 놀리기 시작합니다. 몸집처럼 똥도 작을 것 같다고요. 속상한 개미는 혼자 숲길 언덕을 올라가 나뭇잎 위에 똥을 쌉니다. 그런데 자세히 보니 정말 똥이 작은 거예요. 괜히 화가 난 개미는 나뭇잎 위에서 발을 동동 구릅니다. 그 덕에 작은 똥이 데구루루 굴러가 언덕 아래에 있는 친구들에게 향합니다. 똥은 굴러 굴러 내려갈수록 점점 커집니다. 친구들은 굴러오는 커다란 똥을 보며 깜짝 놀라게 되지요. 다들 아시죠? 아이들이 똥, 방귀 이야기에 열광한다는 것을요. 데굴데굴 내려오는 똥을 피해 도망가는 동물 친구들을 보며 아이들은 깔깔대고 웃습니다.

개미가 놀림을 받았을 때 어떤 기분이었을지 먼저 이야기 나누었습니다. 슬프고 속상했을 거라는 대답이 이어졌습니다. 아이들은 어떤 말을 들었을 때 속상했을까요? 저리 가라는 말, 뚱뚱하다는 평가, 바보라는 놀림 등 다양한 이야기가 나왔습니다.

아이들에게 속상한 마음을 날려 버릴 볼링 게임을 제안했습니다. 종이컵에 듣기 싫었던 말들을 적거나 붙여 두고 신문지를 볼링공 삼아 컵을 넘어뜨리는 게임입니다. 아이들 이야기 중 열 개를 골라 종이컵에 잘 보이도록 붙인 다음, 컵을 쌓습니다. 신문지를 돌돌 뭉쳐 볼링공을 만들고, 종이컵 볼링핀에 명중시켜 속상한 말들을 함께 날려 버릴 차례입니다.

아이들은 차례로 줄을 서서 볼링 놀이를 하며 즐거워합니다. 종이컵이 모두 쓰러지면 좋겠지만 뜻대로 되지 않아 아쉬워하기도 합니다. 쉬는 시간마다 가지고 놀 수 있도록 학급 놀이 칸에 자리를 마련해 두었습니다. '뻥! 뻥!' 공이 컵에 부딪치고 볼링핀이 쓰러질 때마다 우리 안에 쌓인 서운한 마음도 떨어져 나가면 좋겠습니다.

같이 만들어요 : '굴려 굴려' 종이컵 볼링

- 준비물 : 신문지(구겨서 종이컵 볼링 공 크기를 만들 만큼), 종이컵 10개 이상
- 만드는 법

❶ 신문지를 공처럼 동그랗게 뭉쳐요.

❷ 종이컵에 속상한 말을 적거나 인쇄해서 붙여요.

❸ 종이컵을 쌓으면 준비 끝!

● **우리를 속상하게 하는 말 목록**

바보야	너 싫어
이상해	멍청이
안 줄래	저리 가

안 놀아	짜증나
절교야	그만해

한 걸음 더

같이 읽어요

『화가 호로록 풀리는 책』
신혜영 글, 김진화 그림, 위즈덤하우스, 2021

감정을 알아차리고 해소하는 데 도움이 되는 그림책입니다. 소리를 지르거나 발 구르기, 꼭 안기거나 펑펑 울기 등 화가 풀리는 방법을 다양하게 알려 줍니다. 책에 제시된 다양한 내용 중 실천해 보고 싶은 방법을 순위별로 정리해 보는 것도 좋은 활동이 될 거예요.

도란도란 이야기 시간

◎ 공을 던져 핀들을 무너뜨리고 나니 마음이 좀 후련해지는 것 같나요? 속상하고 화가 났을 때 마음을 풀 수 있는 다른 특별한 방법이 있는지 더 이야기 나눠 보세요.

종이 공을 안아 주는 컵 공놀이

우리를 꼬옥 안아 주는 누군가를 생각하며 공놀이를 해요.
사랑하는 사람의 얼굴로 종이컵을 꾸미고
활짝 벌린 두 팔도 달아 줘요.
공과 실은 종이컵으로 연결되어 있어서
어느 방향으로 던져도 공은 다시 종이컵 안으로 쏙, 담기게 된답니다.

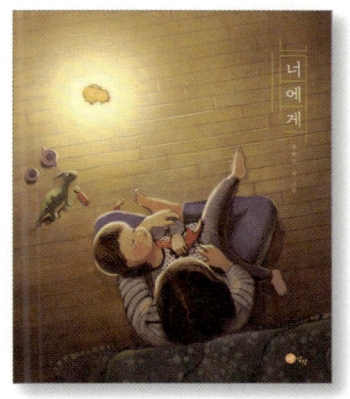

너에게
옥희진 글·그림, 노란상상, 2020

그림책은 이렇게 말해 줍니다. 우리 주위에는 항상 우리와 함께하는 단짝 친구 같은 누군가가 있다고요. 그 친구는 바로 '가족'입니다. 가족을 통해 우리들은 변함없는 사랑과 지지를 받고 성장하는 존재임을 느낄 수 있습니다.

『나빌레라』라는 만화책을 보며 펑펑 운 기억이 있습니다. 치매에 걸린 노인이 그 사실을 처음 알게 된 날, 엄마를 부르며 목 놓아 우는 장면에서 말이지요. 그렇게 연세가 많은 노인임에도 생에서 가장 무섭고 감당하기 벅찬 말을 들었을 때 그는 자신의 어머니를 떠올렸습니다. 괜찮다고, 지켜 주겠다고, 잘 이겨 낼 거라고 토닥토닥 위로해 줄 사람이었겠지요. 엄마란, 가족이란 그런 존재입니다. 삶이 힘들고 지칠 때 생각나고 언제나 내 편이 되어 줄 것 같은 존재 말입니다. 노인에게도 그토록 큰 존재인데 아직 작고 여린 아이들에겐 어떨까요.

『너에게』라는 그림책은 가족이 각별한 존재인 이유를 생각하게 합니다. 원하는 걸 해 줄 수는 있지만 모든 것을 해 줄 수 없음을 가르쳐 주고, 힘들고 어려울 땐 늘 안아 주겠다고, 지칠 때 돌아보면 늘 뒤에 서 있겠다고 말해 줍니다. 아이들은 그림책 내용을 귀담아들으며 가족의 사랑을 마음으로 느끼게 됩니다.

표지에는 엄마가 잠든 아이를 안고 있는 모습이 그려져 있습니다. 아이들도 누군가의 품에 꼭 안기고 싶을 때가 있겠지요?

"길을 잃었을 때요. 혼자 너무 무서웠어요."

"바이킹 탔을 때랑 롤러코스터 탔을 때 옆에 있는 사람 손을 잡고 싶었어요."

"어린이집 처음 갔을 때요. 엄마랑 헤어지기 싫어서 울었어요."

"무서운 꿈 꿨을 때요. 엄마가 안아 줬어요."

"집에 불 다 꺼졌을 때요. 어두운 게 무서워요."

"엄마가 혼낼 때요."

우리가 힘들고 무섭다고 느끼는 순간을 생각하면서 재미난 놀이를 하기로 합니다. 나를 안아 줄 누군가를 떠올려 그리고 컵에 붙여 신문지 공을 컵 안에 쏙 넣어 보는 공놀이입니다. 긴 실로 신문지 공을 컵과 연결해 멀리 띄운 공을 컵으로 받는 방식이지요.

먼저 완성한 친구들은 즐겁게 활동을 이어 갔습니다. 또래 집단이 형성되는 시기라 가족보다는 친구 얼굴을 그린 아이들도 보였습니다. 할머니를 그려 컵을 꾸민 친구도 보였고요. 공을 쏙 넣으면 아이들은 성공이라는 표현보다 '안겼다'는 표현을 하더군요.

"선생님, 저 오늘 열두 번 안겼어요."

"선생님, 전 스무 번 안겼어요."

공이 컵에 쏙쏙 담길 때의 재미와 즐거움을 만끽하며, 아이들은 고민거리로부터 잠시나마 벗어나 해방감을 맛본 것 같습니다. 마치 누군가의 품에 꼬옥 안겨 있을 때처럼요.

1장 _ 종이놀이와 친해져요

같이 만들어요 : 종이 공을 안아 주는 컵 공놀이

- 준비물 : 신문지 혹은 색한지(뭉쳤을 때 종이그릇보다 크기가 작아야 함) 종이컵(밥 용기로 많이 쓰이는 520cc를 권함), 투명 테이프, 색종이
- 만드는 법

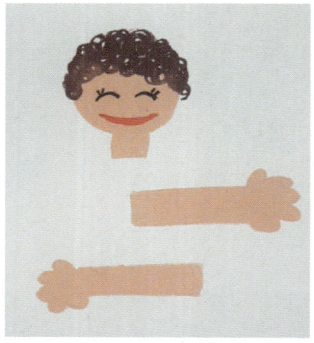

❶ 흰 종이에 얼굴과 양손을 그려요. 얼굴은 목까지 그려야 컵에 붙이기 쉬워요.

❷ 종이컵에 얼굴과 양팔을 붙여요.

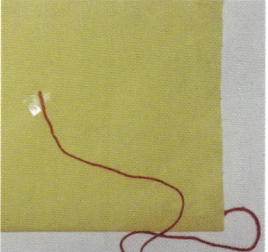

❸ 실 한쪽 끝을 색한지(신문지) 가운데에 테이프로 붙여요.

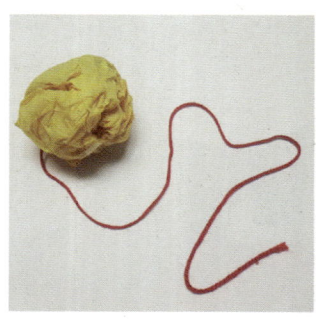

❹ 색한지(신문지)를 공처럼 구겨서 뭉쳐요.

❺ 컵 가운데에 송곳으로 구멍을 내어 실의 반대편 끝을 넣은 후 빨대를 손가락 한두 마디 크기로 잘라 실에 묶어 테이프로 컵 바닥에 붙여 주세요.

❻ 그 위에 빨간색 색종이를 하트 모양으로 잘라 붙여 주면 완성!

한 걸음 더

같이 읽어요

『우리는 언제나 다시 만나』
윤여림 글, 안녕달 그림, 위즈덤하우스, 2017

학교나 유치원에 처음 입학할 때 읽어 주면 좋습니다. 잠시 떨어져 있지만 우리는 언제나 다시 만난다는 내용으로 아이들의 분리 불안을 조금 덜어 줄 수 있거든요. 이 그림책을 읽고 아이가 둥지를 떠나 성장한다는 것의 의미, 가족의 품에 관해 더 이야기 나눠 보세요.

도란도란 이야기 시간

◎ 책을 읽고 놀이를 하면서 누군가에게 안기고 싶을 때는 언제인지, 나를 안아 주는 존재는 누구인지 이야기 나눕니다. 여기에 덧붙여 컵과 공을 연결해 주는 '실'의 의미를 함께 생각해 보세요. 신문지 공이 멀리 날아가더라도 언제나 컵에 다시 돌아오는 이유는 바로 길게 연결된 실 때문입니다. 가족이란 그렇게 보이지 않는 실로 연결되어 있는 존재가 아닐까요? 먼 곳에서 힘들고 외로운 일이 생기더라도 언제나 가족이 든든하게 우리들을 붙잡고 있다고 생각해 주세요. 그렇게 다시 만나, 꼭 안아 주는 날이 올 거라고요.

빙글빙글 춤을 추는 알록달록 뱀

여러분은 '뱀' 하면 무섭다는 생각이
제일 먼저 들지는 않나요?
하지만 뱀도 자기에게 가장 알맞은 모습을 하고 있을 뿐
외모로 비교당하는 건 싫을지도 몰라요.
종이놀이를 하며 뱀을 예쁘게 색칠하고
밖으로 나가 빙글빙글 돌리며 자연을 함께 만끽해요!

뱀의 눈물

이윤희 글, 이덕미 그림, 하마, 2020

청설모도, 엄마 곰도, 때까치도 모두 뱀의 겉모습을 '징그럽다'고 이야기합니다. 상처받은 뱀은 외톨이가 되고, 시간이 흘러 허물 벗을 때를 맞이하지요. 비난받았던 겉껍질을 깬 뱀은 다시 환영받을 수 있을까요? 이 책은 가슴 서늘해지는 결말을 통해 우리가 타자를 어떤 마음으로 대해야 하는지 돌아보게 해 줍니다.

사람들은 겉모습만으로 상대의 속마음까지 판단하는 실수를 종종 저지릅니다. 아무렇지도 않게 외모를 평가하며 말이지요.

아이들에게 얼굴에 긴 상처가 있고 험상궂게 생긴 남성의 모습과 단정한 머리를 한 깔끔한 모습으로 밝게 웃고 있는 남성의 모습을 보여 주며 누가 더 낯설고 위험해 보이는지 물어보면 아이들 대부분은 험상궂은 표정의 사람을 고릅니다. 사실은 둘 다 낯선 사람이고, 그 속마음은 짐작할 수 없는데도 말이지요.

아이들과 겉모습을 둘러싼 편견과 선입견에 관한 이야기를 함께 나누고 싶었습니다. 남들에게 아름답게 보이지 않는 외모를 가졌다는 이유만으로 무수히 상처받고 그 상처를 평생 안고 살아가는 누군가의 마음을 진심으로 들여다보는 기회를 주고 싶었기 때문입니다. 함께 읽을 그림책은 『뱀의 눈물』입니다. 제목을 가리고 표지부터 아이들에게 보여 줍니다.

"으윽~ 나 뱀 무서워하는데."

"나도 너무 징그러워."

그림책 속에서도 뱀은 비슷한 이야기를 듣습니다. 태어나자마자 처음 들은 이야기가 '징그럽다'는 청설모의 말이었거든요. 세상에 나와 처음으로 듣게 된 말이 축복이 아니라 비난이라니, 얼마나 슬플까요. 읽기 전, 유별나게 뱀을 싫어한다던 아이들도 눈을 가렸던 손을 내리고 책에 집중하기 시작합니다. 청설모뿐만 아니라 다른 동물들도 두 개로 갈라진 혀와 미끄러운 몸을 가진 뱀을 좋아하지 않았습니다. 소리치며 도망가기도 하고 "저게 뭐야."라며 함부로 말하기도 합니다. 하지만 뱀은 또 한 번의 기회가 있다고 여겼습니다. 번데기가 허물을 벗고 아름다운 나비가 되듯 허물을 벗으면 자신도 달라질지 모른다고 생각했지요. 기다리고 기다리던 그날, 허물을 벗은 뱀은 결국 억울한 눈물을 쏟고야 맙니다. 나비와 같은 기적은 일어나지 않았으니까요. 아이들은 숙연해집니다.

종이놀이로 그 분위기를 전환해 보기로 합니다. 이 그림책에서 중요한 부분이 바로 '뱀의 겉모습'이므로 그 소재를 가져와 보았습니다. 도톰한 종이에 회오리 무늬를 그린 후 뱀의 모습이라고 생각하고 겉모습을 예쁘게 꾸며 주는 활동입니다. 회오리 형태를 자른 후, 줄을 매단 막대에 연결해 주면 바람개비처럼 자유롭게 흔들거리는 뱀 친구가 완성됩니다.

아이들은 완성한 작품을 들고 학교 정원으로 나와 뛰어다니며 놀

아 봅니다. 시원한 바람이 불어오자 손에 매달린 뱀이 회오리를 그리며 뱅글뱅글 돌아가기 시작합니다.

"선생님. 저 좀 보세요. 이렇게 뛰어다니니까 너무 좋아요."

"선생님. 뱀이 제 머리 위에 앉았어요."

"선생님. 화분 속에 뱀이 숨었어요."

까르르 웃으며 재잘대는 아이들의 모습이 예쁘기만 합니다. 겉모습이 어떻든 아이들은 서로의 마음과 생각을 나누며 함께 뛰노는 법을 알고 있는 것만 같습니다.

같이 만들어요 : **알록달록 뱀**

- ■ 준비물 : A4 사이즈의 도톰한 종이, 크레파스, 투명 테이프, 줄, 나무 막대나 빨대
  * A4 용지 두께는 120g 이상이 좋아요. 혹은 스케치북에 그려도 괜찮아요.
- ■ 만드는 법

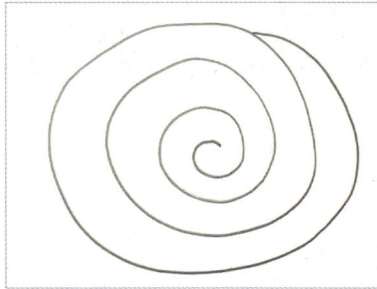
❶ 도톰한 종이에 달팽이 모양으로 그림을 크게 그려요

❷ 예쁘게 색칠한 후 선을 따라 잘라 줘요. 이때, 선이 그려진 부분까지만 잘라야 원 안쪽의 머리 부분이 떨어지지 않아요.

❸ 눈과 혀를 붙여요

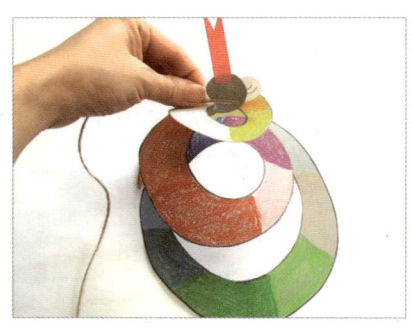
❹ 머리 뒷부분에 테이프로 줄을 붙여요

❺ 줄의 다른 쪽 끝에 나무 막대를 묶어 주면 완성~!

■ 뱀을 다양한 무늬로 꾸며 보세요

도란도란 이야기 시간

◎ 누군가에게 외모로 놀림받은 적이 있나요? 나는 친구들을 외모로 놀리지는 않았나요? 다른 사람을 겉모습으로 판단하면 안 되는 이유를 생각해 보세요.

◎ 그림책 『뱀의 눈물』은 허물을 벗었음에도 겉모습을 바꾸지 못한 뱀이 깊은 슬픔에 빠져 눈물을 흘리고, 그 눈물이 독이 되었다는 결말에 이릅니다. 이 부분에서 아이들은 뱀이 불쌍하다, 다른 동물들이 나빴다는 반응을 보이는데요. 뱀을 어떻게 위로할지도 생각해 보아요. "너 같은 친구가 있어서 정말 좋아." "함께 놀자." "외모는 중요하지 않아." 아이들이 이 마음을 오래 간직하며 겉모습에 가려진 '진짜' 마음을 들여다볼 수 있길 바랍니다.

2장

종이놀이를 즐겨요

난이도 ★★☆
완성 소요 과정 : 10회 내외

" 종이공예만의 특별한 매력을 알아가요!
접었다 폈다, 오리고 붙였다,
몇 번만 움직이면
멋지고 재미난 작품이 뚝딱! "

종이가방으로 만든 나만의 조끼

종이가방을 재활용하면 멋진 조끼를 만들 수 있어요.
사랑하는 마음을 담고 싶다면 하트 무늬를 넣고,
항상 웃고 있는 내가 좋다면 웃음 가득한 얼굴을 그려서
나만의 조끼를 꾸며 보아요.
종이가방 조끼는 직접 입어 볼 수도 있답니다.

그건 내 조끼야

나카에 요시오 글, 우에노 노리코 그림, 박상희 옮김,
비룡소, 2000

단출한 여백의 그림은 두 가지 색감으로만 표현되었습니다. 그림책의 중요한 소재가 되는 조끼는 눈에 띄는 빨간색으로, 조끼를 입는 동물들은 흑백으로 표현되었지요. 책장을 넘길수록 점점 몸집 큰 동물들이 조끼를 입게 되는데요. '조금 끼나?'라는 반복 구성으로 동물들의 몸집과 관련된 상대적인 크기를 가늠해 볼 수 있습니다.

소중한 물건을 소개하는 시간이에요. 어떤 친구는 할머니께서 만들어 주신 내복을 소개해요. 아직까지 버리지 않고 냄새를 맡으며 할머니를 생각한다고 합니다. 또 어떤 친구는 엄마가 만들어 준 예쁜 토끼 인형을 떠올렸어요. 엄마가 안아 주는 것처럼 포근하다고 해요.

그림책 『그건 내 조끼야』도 생쥐의 소중한 물건에 관한 이야기예요. 제목과 표지에서 알 수 있듯 그 물건은 바로 조끼입니다. 표지에는 강렬한 빨간색 조끼를 입은 생쥐가 그려져 있습니다. 손을 허리에 얹고 "그건 내 조끼야." 하며 당당하게 말하는 듯한 모습입니다.

엄마 생쥐가 어린 생쥐에게 예쁜 조끼를 만들어서 선물로 주었습니다. 생쥐는 너무나 기뻤지요. 사랑하는 엄마가 만들어 준 빨강 조끼! 그것만 입으면 아주 멋진 쥐가 되는 느낌이 들어요. 그런 생쥐에게 친구들이 와서 이야기를 시작해요.

먼저, 생쥐보다 몸이 조금 더 큰 오리가 조끼를 입어 보자고 합니다. 생쥐는 허락하지요. 그런데 오리에게 조끼가 조금 끼는 것 같습니다. 이번엔 오리보다 몸집이 조금 더 큰 원숭이가 찾아와 조끼를 입어도 되냐고 물어요. 원숭이에게도 생쥐의 조끼가 조금 끼는 것 같습니다. 다음에는 물개가, 다음에는 말, 사자, 코끼리…… 덩치가 점점 커지는 친구들이 조끼를 빌려 갈 때마다 생쥐는 어떤 마음이 들었을까요? 조끼는 어떻게 될까요?

이 그림책은 읽는 사람에 따라 다양한 상상을 하며 주제를 들여다볼 수 있게 해요. 조끼를 빌려주는 생쥐의 마음, 조금 끼는 것 같은 조끼를 입어 볼 때마다 조마조마할 동물 친구들의 마음도 생각해 볼 수 있어요.

이 책에 관한 독후 활동으로 많은 선생님이 '창의적으로 조끼 꾸미기'를 준비합니다. 하얀색 조끼 도안을 놓고 아이들이 자유롭게 그리고 칠하고 붙여 조끼를 꾸며 보는 활동이지요. 우리 반 아이들도 빨간 조끼에 시선을 빼앗깁니다. 이번에는 조금 색다른 방법으로 조끼를 만들어 보기로 합니다. 버려질 수 있는 종이가방을 사용하기로 해요.

생쥐가 자기 조끼를 자랑하고 싶어 한 것처럼 우리도 조끼를 입고 당당하게 걸어 보자고요. 내가 만든 조끼가 마음에 든다고 친구들이 이야기한다면 빌려줄 수도 있어요. 다만, 조금 끼는 친구들은 조심조심 입어야겠죠?

같이 만들어요 : **종이가방 조끼**

- 준비물 : 종이가방(몸 크기), 색종이, 가위, 연필
- 위치

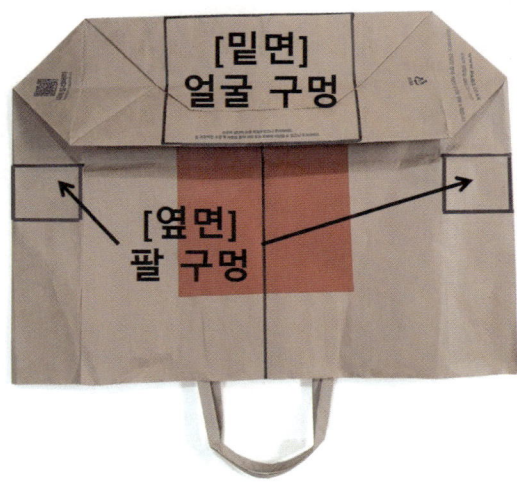

■ 조끼 만드는 법(점선은 접기, 실선은 자르기)

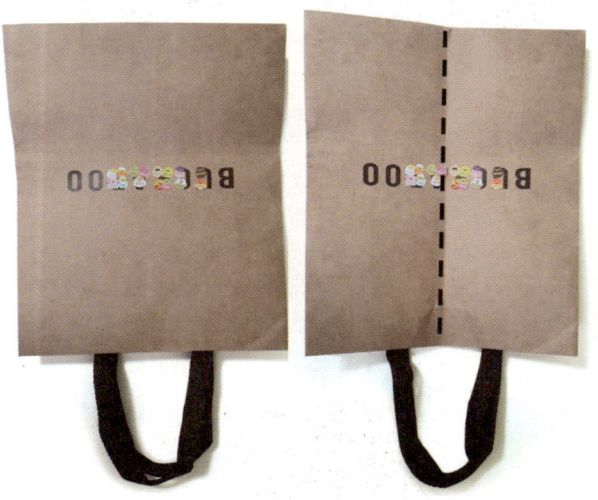

❶ [앞면] 아이의 몸 크기만 한 종이가방을 준비해서 세로로 접어요.

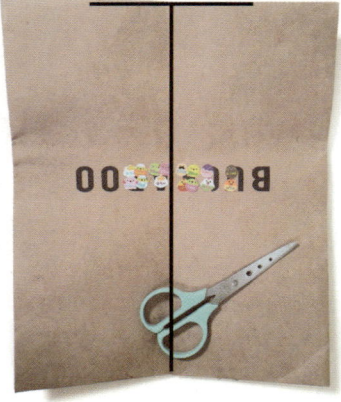

❷ [앞면] 접힌 세로선을 따라 종이가방의 앞면만 자르고, 종이가방 끈을 없애요.

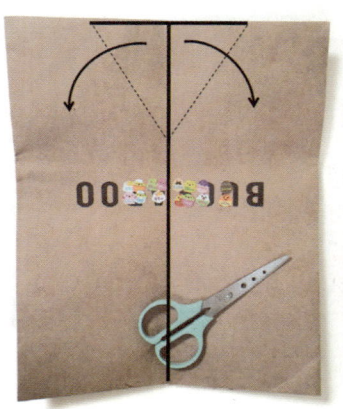

❸ [앞면] 위쪽 가운데를 일부 자른 후 칼라 모양이 되도록 양쪽으로 펼쳐서 접어요.

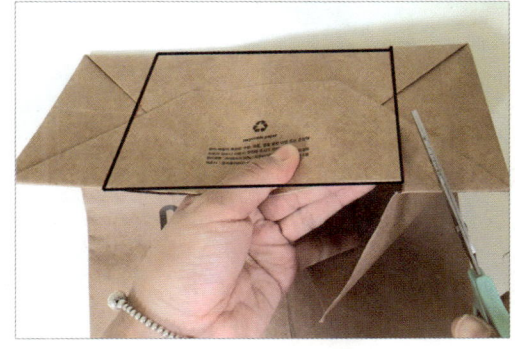

❹ [윗면] 칼라를 접은 만큼 목이 들어갈 선을 윗면에 긋고 잘라요.

❺ [옆면] 종이가방 옆면을 사진처럼 바깥으로 접은 후, 팔이 나올 구멍을 잘라 주세요.

❻ [옆면] 반대쪽도 잘라 내요.

❼ 조끼 완성!

앞, 위에서 본 모양
(뚫린 부분으로 목이 나와요.)

옆면에서 본 모양
(팔 나오는 부분을
확인할 수 있어요.)

한 걸음 더

같이 읽어요

『내 옷으로 만든 특별한 이야기』
엘렌 패슬리 글, 시아 베이커 그림, 다산기획, 2021

옷을 만드는 종이놀이를 할 때 함께 읽으면 좋은 그림책입니다. 아멜리아는 앞쪽에 반짝이는 단추 네 개가 달려 있는 외투가 마음에 들어 늘 함께했어요. 아멜리아가 성장하면서 이 외투가 몸에 맞지 않자 엄마는 동생 릴리에게 물려 주었지요. 릴리 또한 그 옷이 무척 마음에 들었어요. 그런데 릴리도 자라 외투가 맞지 않게 되었어요. 그 옷은 어떻게 되었을까요? 소중한 것은 쉽게 버려질 수 없겠지요? 대신 많은 이들과 함께 한답니다.

도란도란 이야기 시간

◎ 그림책 속 생쥐처럼 친구에게 자기 물건을 빌려준 적이 있는지 이야기 나눠요. 그 물건을 잘 돌려받았는지, 친구가 물건을 망가뜨리지는 않았는지도 떠올려 보아요. 친구가 나의 소중한 물건을 망가뜨렸을 때 나는 어떤 기분이 들었나요?

◎ 나만의 조끼로 하는 '우리 반 패션쇼'를 열어 보아요. 서로에게 칭찬을 건네 줘요. 멋지고, 자신감 있는 모습이 좋다고요!

점프하는 두꺼비

살짝 눌렀다 놓으면 앞으로 튀어 나가는 두꺼비를 접어 보아요.
어떤 두꺼비가 더 멀리 나가는지 시합하면서
'친구와 사소한 소원 들어주기' 놀이를 해요.
단, 소원은 정말 사소해야 한답니다.

사소한 소원만 들어주는 두꺼비

전금자 글·그림, 비룡소, 2017

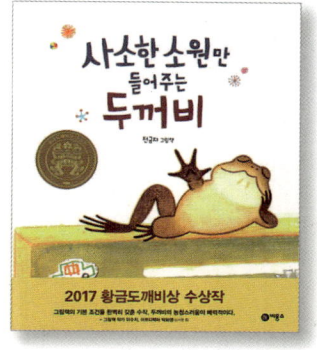

전래동화 「은혜 갚은 두꺼비」를 들어 봤나요? 자신을 돌봐 준 사람을 위해 목숨을 던져 지네를 물리친 두꺼비 이야기 말이에요. 『사소한 소원만 들어주는 두꺼비』의 두꺼비도 훈이의 소원을 이뤄 줄 수 있대요. 전래동화 속 두꺼비는 무시무시한 지네와 싸웠지만 이 책의 두꺼비는 어딘가 미심쩍습니다. 어려워 보이는 소원도 이루고 싶은 훈이와 중요한 소원까지 들어줄 힘은 없다는 두꺼비의 밀고 당기기 속에 아이들의 생활이 진솔하게 녹아 있습니다.

"오늘만 운동장에 나가서 놀면 안 돼요?"
"오늘 급식에 떡볶이 나왔으면 좋겠어요."
"이번에는 앞자리를 뽑았으면 좋겠어요."

아이들은 소원이 참 많습니다. 생각해 보면 아이, 어른 할 거 없이 우리는 항상 마음 한편에 소원을 품고 살아갑니다. 시험처럼 걱정스러운 일을 피하고 싶기도 하고 마음껏 뛰놀고 맛있는 것을 먹는 일처럼 기분 좋은 순간이 찾아오길 바라기도 합니다. 그래서인지 '사소한 소원만 들어주는 두꺼비'라는 제목이 너무나 반갑습니다. 그런데 '사소한' 소원이어야 한다는 단서가 붙어 있습니다. 소원은 소원인데, 사소한 소원은 대체 뭘까요? 궁금증이 더욱 커집니다.

훈이는 학교 가는 길에 두꺼비 한 마리를 구합니다. 두꺼비는 목숨을 구해 준 보답으로 소원을 한 가지 들어주겠다고 합니다. 우리 아이들이었다면 어떤 소원을 말했을까요? "여자친구를 만들어 주세요." "시험 100점 받게 해 주세요." "부자로 만들어 주세요." "행복해지게 해 주세요." 다양한 답변이 나왔습니다. 그림책 속 두꺼비가 이런 소원을 들어줄 수 있을까요? 다음 장을 펼쳤습니다.

싸운 짝꿍과 다시 친해지게 해 달라, 싫어하는 미술 시간을 체육 시간으로 바꿔 달라, 나물 반찬을 햄 반찬으로 바꿔 달라…… 훈이는 두꺼비에게 여러 가지 소원을 빌지만, 두꺼비는 그 소원이 사소하지 않다며 번번이 거절합니다. 화가 난 훈이는 두꺼비를 필통 속에 가둬 버리지요. 미술 시간, 전에 다퉜던 짝꿍이 훈이에게 지우개를 빌려 달라고 합니다. 훈이는 허겁지겁 필통을 뒤져 보지만 지우개가 보이지 않습니다. 지우개를 통해 짝꿍과 화해할 좋은 기회인데 말입니다. 그 순간 훈이는 필통 속에 있는 두꺼비에게 지우개를 하나만 만들어 달라고 부탁합니다. 과연 이번에는 훈이의 소원이 이뤄질까요?

우리는 '소원'을 떠올릴 때 행복, 건강, 사랑, 우정 같은 커다란 가치를 주로 떠올립니다. 하지만 이러한 것들도 작고 사소한 일로부터 실현되는 법이겠지요.

우리도 서로의 사소한 소원을 들어주는 활동을 계획했습니다. '사소한 소원을 품은 두꺼비 경기'를 개최했어요. 당겼다 놓으면 튀어 나가는 두꺼비를 접어 멀리뛰기 대회를 하고, 우승한 친구의 바람을 이뤄 주는 놀이입니다. 단, 정말 '사소한' 바람이어야 한답니다.

같이 만들어요 : **점프하는 두꺼비**

- ■ 준비물: 색종이, 펜
- ■ 선택 준비물: 눈 스티커, 가위, 풀
  * 눈 스티커를 붙여 두꺼비 눈을 표현하는 대신 펜으로 그려도 좋아요.
- ■ 만드는 법

❶ 원하는 색이 바닥을 향하게 놓습니다.

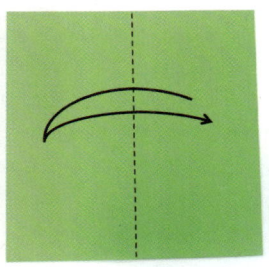

❷ 가로로 한 번, 세로로 한 번 접었다가 펼쳐 접기선을 만들어요.

❸ 네 귀퉁이가 ②에서 만든 접기선에 맞춰 놓일 수 있도록 안쪽으로 접어 주어요.

2장 _ 종이놀이를 즐겨요 **87**

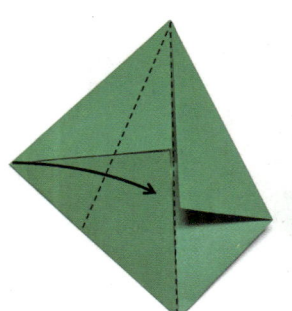  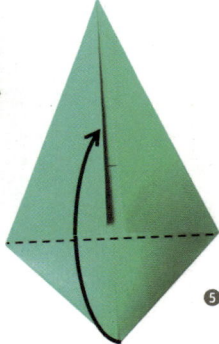 

④ ③을 마름모꼴로 놓고 양옆 모서리가 가운데 접기선에 맞춰 오도록 접어요.

⑤ 아래의 세모 부분을 위로 접어요.

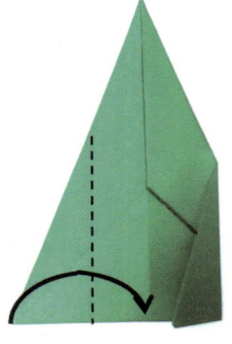  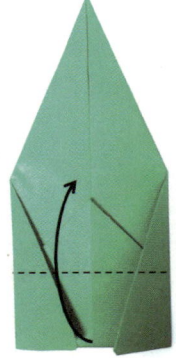 

⑥ 양 끝이 가운데 접기선에 닿도록 모아 접어요.

⑦ 사진처럼 위로 접어요.

 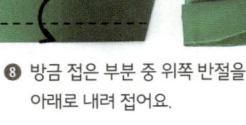 

⑧ 방금 접은 부분 중 위쪽 반절을 아래로 내려 접어요.

⑨ 위쪽 세모 부분을 아래로 내려 접어요.

⑩ 뒤집어서 눈 스티커를 붙이고, 코를 그려요.
팔을 만들고 싶으면 색종이에 그려서 잘라 붙여요.

도란도란 이야기 시간

◎ 그림책에서 두꺼비가 지우개 생기는 소원을 안 들어줬다면 훈이는 친구와 어떻게 화해했을까요? 자유롭게 상상해 보아요. 친구와 다퉜을 때 다시 사이좋게 지내는 나만의 방법이 있다면 함께 이야기 나눠요.

◎ 두꺼비 멀리뛰기 놀이에서 이긴 친구들은 어떤 '사소한' 소원을 이야기했을까요? 더운 여름 부채질 열 번 해 주기, 빗자루질 도와 주기 등 친구들은 어렵지 않은 일을 같이 하며 함박웃음을 지었답니다. 우리도 나만의 사소한 소원을 이야기해요.

2장 _ 종이놀이를 즐겨요 **89**

자유롭게 꾸미는
사자 머리 모양

아이들은 머리카락을 자유롭게 만지며 여러 가지 모양 만드는 놀이를 좋아해요.
사자 얼굴이 큼지막하게 그려진 도안을 활용해 신문지로 머리카락을 꾸며 줍니다.
삐죽빼죽 개성 있는 스타일도 만들어 보고 평소 내 보고 싶었던 앞머리도
만들어 봅니다. 교실은 어느새 신나는 미용실이 되었습니다.
"와! 선생님, 현준이 사자 보세요! 완전 멋져요."
다양한 머리 모양을 한 사자 덕분에 너도나도 즐겁습니다.

미용실에 간 사자

브리타 테크트럽 글·그림, 이선오 옮김, 키즈엠, 2014

사자 얼굴 모양으로 구멍이 뚫려 있고 책장을 넘기면 그 얼굴 위로 재미난 모양의 머리가 얹어집니다. 책의 물성을 활용한 타공 그림책이지요. 혹시 내가 싫어하는 머리 모양이 등장하더라도 사자를 있는 모습 그대로 보아 주고 인정해 주어요. 제일 중요한 것은 자기 자신을 사랑하고 아끼는 것이니까요.

우리는 더 나은 내가 되기 위해 끊임없이 노력합니다. 우등생이 되기 위해 공부를 열심히 하고, 새로운 사람을 만날 때면 멋지게 꾸밉니다. 그런데 가끔 다른 사람에게 인정받는 데 힘을 쏟느라 정작 자신의 마음을 돌보지 않는 사람도 있습니다. 다른 사람의 시선보다, 자기 자신을 아끼고 사랑하는 것이 더 중요한데 말입니다. 누군가 "오늘은 이 옷 입으렴." "너는 긴 머리가 예뻐."라고 말하더라도, 자신이 그 모습을 원치 않는다면 "싫어요!" "내 생각은 달라!"라고 할 수 있어야 합니다. 그러기 위해서는 스스로가 진정 좋아하는 것을 알고, 자신을 아끼고 사랑해야 하지요. 자기 머리 스타일이 싫어 변신을 시도한 사자의 이야기, 『미용실에 간 사자』로 우리 마음을 들여다보았습니다.

표지에는 머리 한쪽이 푹 눌려 있고, 표정이 뾰로통한 사자가 그려져 있습니다. 제목을 보니 사자에게 변신이 필요했나 봅니다. 사자는 머리 모양을 어떻게 바꿨을까요?

뽀글뽀글 파마, 짧게 자른 머리, 양갈래로 묶은 머리, 매직을 해서 쭉 펴진 머릿결 등등 아이들은 자신이 알고 있는 스타일을 마음껏 외칩니다. 사자의 새로운 모습을 기대하며 첫 장을 펼쳤습니다.

왜 다들 나를 좋아하지 않는지, 사자는 고민이 커요. 그때 원숭이가 사자의 덥수룩한 머리를 탓해요. 사자는 미용실에 가고 싶지 않지만 머리만 손질하면 멋질 거라는 원숭이의 말에 미용실로 향합니다. 파마도, 염색도 해 보고, 리본과 머리띠까지 써 보지요. 깜찍한 사자의 모습에 아이들은 까르르 웃음이 터집니다.

"얘들아, 사자랑 원숭이의 표정을 살펴볼까?"

이것저것 권하는 원숭이는 즐거운데 사자는 울상입니다. 자신의 머리가 낯설고 어색한지 망연자실 바라만 봅니다. 웃음 가득했던 아이들이 짐짓 진지한 표정이 되어 말합니다.

"사자가 속상한가 봐요."

"원숭이보다 사자 자신의 마음이 더 중요해요."

남의 시선을 의식해 변신을 시도한 사자의 모습이 어쩐지 우리와 닮아 보입니다. 우리도 사자처럼 다른 사람에게 잘 보이려고, 혹은 밉보이지 않으려고 스스로를 바꾸려 한 적이 있을 테니까요. 공주병이라는 놀림이 싫어서 좋아하는 분홍색 옷을 안 입기도 하고 짧은 머리가 싫지만 부모님이 시켜서 머리를 자르고 울기도 합니다.

그림책 종이놀이를 하며 '내 마음대로 미용실'을 열었습니다. 사자를 자기 자신이라고 생각하고, 원하는 헤어 스타일을 만들어 봅니다. 다른 사람의 눈에 예뻐 보일 필요가 없습니다. 신문지를 가늘고 길게 잘라 머리카락 모양을 만들어 마음껏 자르고 붙이고 묶어 감상해 봅니다. 감상 포인트는 '존중'입니다. 어떠한 작품이라도 칭찬하고 지지하기로 했지요. 단발머리, 별 모양으로 꾸민 머리, 삐죽한 세모 머리, 파마머리, 길게 기른 수염 등 개성 있는 모습이 감탄을 불러일으킵니다.

친구들의 사자를 보며 긍정과 존중의 말을 들려준 것처럼, 따뜻한 마음으로 자신을 들여다보기로 해요. 그 누구보다 아끼고 사랑해야 할 존재, 바로 '나'입니다.

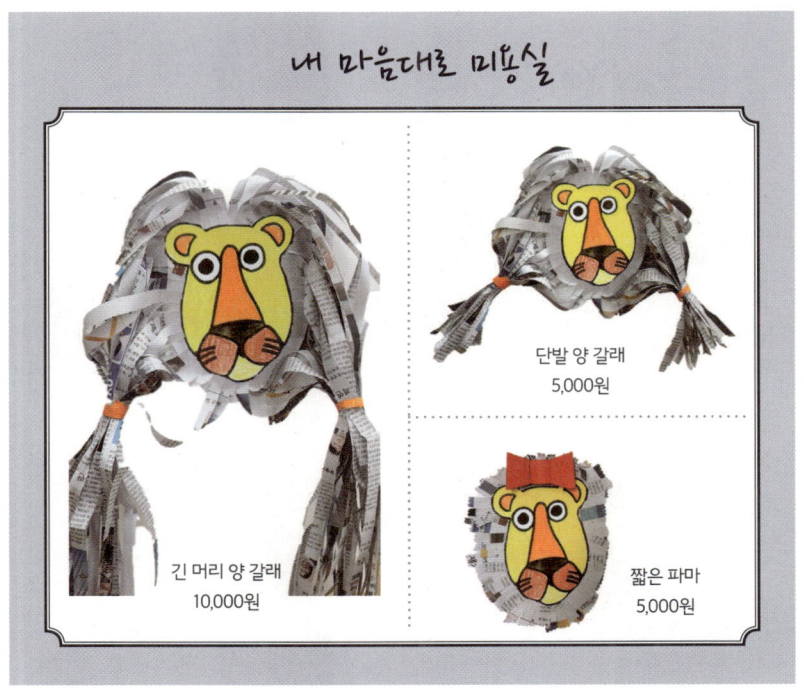

같이 만들어요 : **자유롭게 꾸미는 사자 머리 모양**

- ■ 준비물: 신문지, 사자 얼굴 도안(96쪽), 풀, 가위, 색연필
- ■ 선택 준비물: 색종이, 핑킹가위
- ■ 만드는 법

❶ 신문지를 접어서 원하는 길이만큼 찢어요.

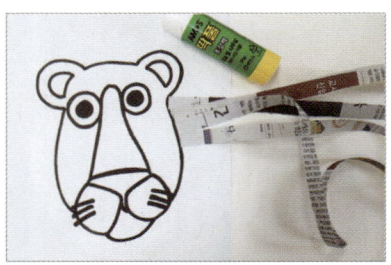

❷ 사자 얼굴 도안 옆에 찢어 놓은 신문지를 마음대로 붙여요.

❸ 얼굴 전체를 빙 둘러 줘요.

❹ 긴 머리카락을 색종이로 말아서 양 갈래로 묶을 수도 있어요.

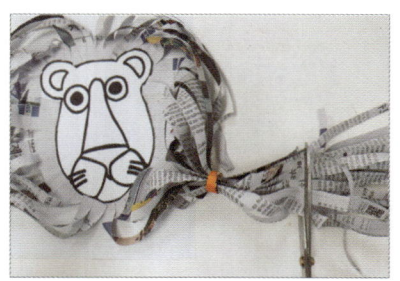

❺ 머리를 원하는 길이로 다듬을 수도 있어요.

❻ 그럼 짧은 갈래머리가 되지요.

❼ 머리카락을 더 짧게 잘랐어요.
처음부터 신문지를 짧게 잘라 붙여도 좋아요.

❽ 핑킹가위로 머리카락 끝을 잘랐어요.
사자 얼굴을 색칠하면 더 예뻐요.

❾ 머리 스타일을 장신구로
꾸며도 좋아요.

2장 _ 종이놀이를 즐겨요

● 사자 얼굴 도안

한 걸음 더

같이 해 봐요

생각과 마음을 넓혀 주는 감상 수업

친구들의 결과물을 감상하는 활동은 매우 중요한 배움의 과정이랍니다. 감상을 잘하기 위한 방법에는 무엇이 있을까요? 먼저 실제 미술관에 온 것 같은 분위기를 만들어요. 전시할 공간을 정하고 차분한 분위기의 음악을 틀면 작품을 진지한 자세로 들여다보는 데 도움이 됩니다. 둘째, 눈으로 천천히 감상합니다. 마음에 와닿는 작품이 있다면 그 작품만 30초 정도 응시하면서 마음의 감동을 온전히 느끼도록 하는 거예요. 마지막으로 포스트잇을 활용해 감상평을 남기는 방법을 추천합니다. 작품을 보며 들었던 생각이나 느낌을 간단히 적고 작품과 가까운 곳에 붙여 놓는 거예요. 다른 친구들의 이야기를 곧바로 확인하는 과정에서 감상의 폭이 확장되는 경험을 할 수 있지요.

도란도란 이야기 시간

- 우리가 원숭이라면 사자에게 어떤 말을 해 줬을까요? 사자가 머리 모양에 신경쓰지 않고도 다른 친구들과 친해지는 방법은 뭐가 있을까요?
- 다른 사람과 잘 지내는 것만큼, 자신을 아끼고 사랑하는 것도 중요해요. 내가 좋아하는 나의 모습을 찾고 이야기 나눠요. 내가 싫어하는 나의 모습도 함께 찾아보아요. 그 이유는 무엇이었는지 생각해 보고 자신을 향해 '괜찮아.' 하고 말하는 시간도 만들어 봐요.

때를 미는
종이접시

대중목욕탕에 가 본 적 있나요?
몽글몽글 하얀 수증기와 따뜻한 온탕이 있는 곳요.
옹기종기 모여 앉아 서로의 때를 밀어 주고 안부를 물으며
몸도 마음도 깨끗해지는 곳이지요.
사랑하는 손녀와 딸의 때를 열심히 씻겨 주던 누군가를 생각하며
우리도 자석 때밀이를 만들어서 재미난 종이놀이를 해 봐요!

우리 할머니는 못 말려
최정아·최자옥·강지빈 글·그림, 걸음동무, 2020

주말 아침, 할머니는 가족을 위해 홀로 새벽 시장을 다녀오십니다. 할머니 피로도 풀 겸 가족들은 목욕탕으로 향합니다. 하지만 할머니는 엉뚱하고도 고집스러운 행동으로 주위 사람들을 놀라게 해요. 가족의 사랑과 타인을 배려하는 행동에 관해 생각해 볼 수 있는 그림책입니다.

예전에 사람들은 묵은 때를 벗기 위해 주말이 되면 대중목욕탕으로 향했습니다. 작은 동네 목욕탕에서는 다양한 사람들을 만나 볼 수 있었지요. 시원하다는 말에 속아 뜨거운 열탕에서 숨을 참는 아이, 탕 안에서 휘휘 물을 젓는 사람, 찬물에서 물장구치며 수영하다 따가운 눈총을 받는 아이의 모습은 익숙한 풍경이었습니다. 사람이 많고 복잡한 날엔 종종 자리 다툼이 일기도 했습니다. 그런 우리 동네 사람들의 모습을 구경하는 것도 목욕탕의 재미였지요.

그러나 요즘은 대중목욕탕을 가지 않는 아이들이 많다고 합니다. 찜질방이 함께 있는 목욕탕은 아이들에게 꽤 인기 있는 장소이지만 사람이 많이 모이기 힘든 시기에는 더욱 조심스러운 곳이 되기도 했고요. 그림책『우리 할머니는 못 말려』는 수많은 사람의 추억이 담긴 목욕탕 이야기입니다.

먼저, 표지를 보며 아이들에게 묻습니다.

"제목이 어떤 의미인지 생각해 보자. 왜 할머니를 못 말린다고 했을까?"

"할머니가 장난꾸러기 아닐까요?"

"그런데 왜 옷을 벗고 있어요?"

"문을 열고 있는데?"

"아하, 목욕하다가 장난치는 거 아닐까요?"

아이들의 상상력은 끝이 없습니다. 상상을 잠시 접어 두고 이야기를 읽기 시작했습니다. 할머니는 목욕탕에서 엉뚱한 행동을 많이 합니다. 슬쩍 다른 사람의 의자를 밀어 내고 자리를 차지하기도 하고, 손녀를 위해 탕 안에서 짓궂은 장난을 치기도 합니다. 할머니가 탕 안에서 방귀를 끼는 장면은 아이들의 웃음 포인트입니다. 할머니는 뜨거운 물을 콸콸 틀어 몸을 불리고는 등 미는 기계로 향합니다. 그리고 온몸을 기상천외한 동작으로 밀기 시작합니다. 이 장면을 본 아이들은 다양한 포즈에 웃음을 터트리고 자기네 할머니랑 똑같다는 이야기도 해 줍니다. 그런데 그만 할머니 때문에 싸움이 일어나고 맙니다. 혼자 기계를 독차지하며 온몸을 밀고 있는 할머니가 주변 사람들은 달갑지 않았지요. 하지만 할머니의 엉뚱한 행동은 다른 이유가 있었습니다. 그림책은 할머니의 따뜻한 속마음을 보여 주면서도 엄마의 말을 통해 당부를 잊지 않습니다. 가족을 챙기는 일도 중요하지만 다른 사람도 바라봐야 한다고요.

책을 덮은 후 '자석 때밀이 놀이'를 이어 나갔습니다. 등을 밀어 주고 싶은 사람이 누군지 생각하며 그 사람을 종이접시 한가운데에 그리고 자석이 붙은 때수건으로 문질러 보는 놀이입니다. 놀이를 하며 '왜 그 인물을 그렸는지' 함께 이야기해 보세요. 기회가 된다면 사랑하는 가족의 등을 직접 밀어 보며 마음을 나누어 봐도 좋겠지요?

같이 만들어요 : **박박 자석 때밀이**

- ■ 준비물: 종이접시, 동전자석(지름 25mm) 두 개, 투명 테이프, 가위, 나무 막대, 사인펜, 색연필
- ■ 만드는 법

❶ 자석 크기에 맞게 연두색 색종이를 잘라 준비해요.

❷ 검은 사인펜으로 때수건 모양을 그려요.

❸ 초록색 색종이 뒷면에 자석을 붙여요.

❹ 나무 막대 끝에도 자석을 붙여요. 때를 밀 때 부딪혀 검은색이 묻어나지 않도록 자석 위로 테이프를 모두 발라 줘요.

❺ 종이접시 위에 그림을 그리고 색연필로 색칠해요.(크레파스는 자석으로 문지르면 번질 수 있어요.)

❻ 때수건 자석은 접시 위에, 나무 막대 자석은 접시 아래쪽에 두고 막대를 움직이면 쓱쓱 때 미는 모습이 연출돼요.

한 걸음 더

같이 읽어요

『때 빼고 광 내고 우리 동네 목욕탕』
김정 글, 최민오 그림, 밝은미래, 2017

따뜻한 물이 지금처럼 풍부하게 나오지 않던 시절의 이야기입니다. 명절을 앞둔 1970년대 어느 가정의 풍경을 그리고 있지요. '둘러보는 통통 뉴스'에 우리나라 목욕의 역사와 여러 목욕 문화를 소개하고 있어 유익한 정보도 접할 수 있습니다. 목욕탕과 관련된 종이놀이를 할 때 함께 읽어 보세요.

도란도란 이야기 시간

◎ 가족과 목욕탕을 다녀왔던 경험을 들려줄래요? 누구와 갔는지, 어떤 일이 있었는지 말이에요.

◎ 종이놀이를 하며 만약 내가 다른 사람의 등을 밀어 준다면 누구일지 생각해 보아요. 아이들의 이야기는 참 따뜻했어요. 길고양이를 마지막에 만났을 때 지저분해 보였다는 아이, 일도 하고 빨래도 하고 채소도 심고 요리도 하는 할머니가 바빠 보였다는 아이도 있습니다. 운동을 많이 하는 엄마, 다리 털이 많은 아빠 이야기를 꺼내는 친구도 있었지요. 여러분도 '등 밀어 주고 싶은 사람'을 떠올려 보세요. 우리가 어떤 존재에게 마음을 기울이고 있었는지 새롭게 들여다보는 계기가 될 거예요.

다양한 모양의 책갈피

"너, 그 책 읽어 봤어?"
연예인 이야기, 게임 이야기를 하는 모습은 많이 봤는데,
책으로 즐겁게 수다를 떠는 아이들 모습은 참 생소하면서도 반가워요.
쉽고 간단한 종이접기로 책갈피를 만들면서
'책 수다'를 떨어보면 어떨까요?

그래, 책이야!
레인 스미스 글·그림, 김경연 옮김, 문학동네, 2011

스마트 기기에 익숙한 아이들에게 책이 무엇인지 간결하면서도 재치 있게 들려줍니다. 각종 게임과 영상 콘텐츠가 넘쳐 나는 시대에 우리는 책에서 어떤 매력을 발견할 수 있을까요?

책 읽기를 좋아하나요? 요즘은 스마트폰과 컴퓨터를 활용해서 인터넷이나 게임을 많이 해요. 그렇지만 여전히 책을 좋아하고, 즐겁게 책을 읽는 수많은 독자가 있답니다. 크고 작은 도서관이 가까이 있어 마음껏 책을 읽을 수 있고, 또 전자 기기를 통한 독서도 늘어나고 있어요. 재미있는 책을 읽으면 시간이 금방 흘러요. 특히 나 혼자 읽는 것보다 서로에게 이 책, 저 책 추천하면서 함께 읽다 보면 그 재미는 배가 돼요. 독서의 즐거움을 우리 아이들과 함께 나누고자 『그래, 책이야!』를 꺼내 들었어요.

　몽키가 책을 읽고 있어요. 옆에서 노트북을 들여다보고 있던 동키는 문득 몽키가 보는 '책'이 무엇인지 궁금했어요. 책에서 스크롤은 어떻게 움직이는지, 책에 마우스는 어디 있는지, 책으로 메일을 보낼 수 있는지, SNS를 할 수는 있는지, 음악을 틀 수 있는지 궁금하대요.

　엉뚱한 질문에 몽키는 하나하나 설명하는 대신 책을 건네요. 동키는 처음으로 책에 푹 빠져 시간 가는 줄 몰라요. 동키는 이제 '책의 맛'

을 느끼고 있어요.

한동안 책 읽는 재미를 잊고 살았던 아이들도 그림책을 읽으며 행복한 독서 경험을 떠올릴 수 있었지요. 그 소중한 기억을 담아 나만의 책갈피를 만들기로 했어요. 특정 음악을 들으면 그때의 기분과 상황이 떠오르듯이 '책갈피'라는 물건을 통해 독서의 재미와 행복을 언제든 떠올릴 수 있도록 하는 거예요. 색종이로 책갈피를 만들어, 좋아하는 책, 읽고 있는 책, 앞으로 읽고 싶은 책에 꽂아 봐요. 직접 만든 책갈피를 볼 때마다 그 책에 대한 애정이 깊어지고, 소중한 독서 경험을 떠올릴 수 있을 거예요.

각자가 만든 책갈피를 친구에게 소개해 봐도 재미있어요. 그림책 『슈퍼 토끼』(유설화 글·그림, 책읽는곰, 2020)를 생각하면서 만든 토끼 책갈피, 『판다 목욕탕』(투페라 투페라 지음, 김효묵 옮김, 노란우산, 2014)을 좋아해서 만든 판다 책갈피, 곰돌이 캐릭터를 좋아해서 만든 곰 책갈피 등 각자의 개성과 관심사가 엿보입니다.

책갈피를 소개하는 아이들의 얼굴에 뿌듯함이 가득합니다. 이제 나만의 책갈피를 사용할 시간입니다. 다 함께 도서관으로 향했어요. 이미 읽었지만 한 번 더 읽고 싶은 책, 친구에게 추천하고 싶은 책, 다른 사람에게 추천받은 책 등 각자가 읽고 싶은 책을 떠올립니다. 이 책, 저 책 살펴보고 서로에게 추천도 하며 책을 빌려 옵니다. 그 책에 나만의 책갈피를 꽂아, 교실 한쪽에 전시해 보았습니다. 아이들의 얼굴에 흐뭇한 미소가 피어오릅니다. 나만의 책갈피가 있으니 책이 더 특별해 보이는걸요!

같이 만들어요 : 나만의 책갈피

- 준비물: 색종이, 네임펜, 가위, 풀
- 기본 책갈피 형태 만드는 법

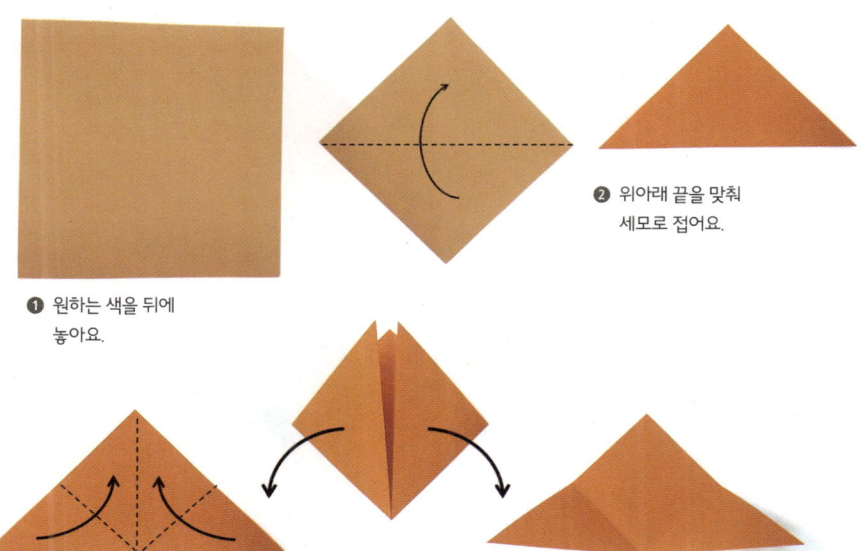

❶ 원하는 색을 뒤에 놓아요.

❷ 위아래 끝을 맞춰 세모로 접어요.

❸ 양끝을 모아 접고 다시 펼쳐요.

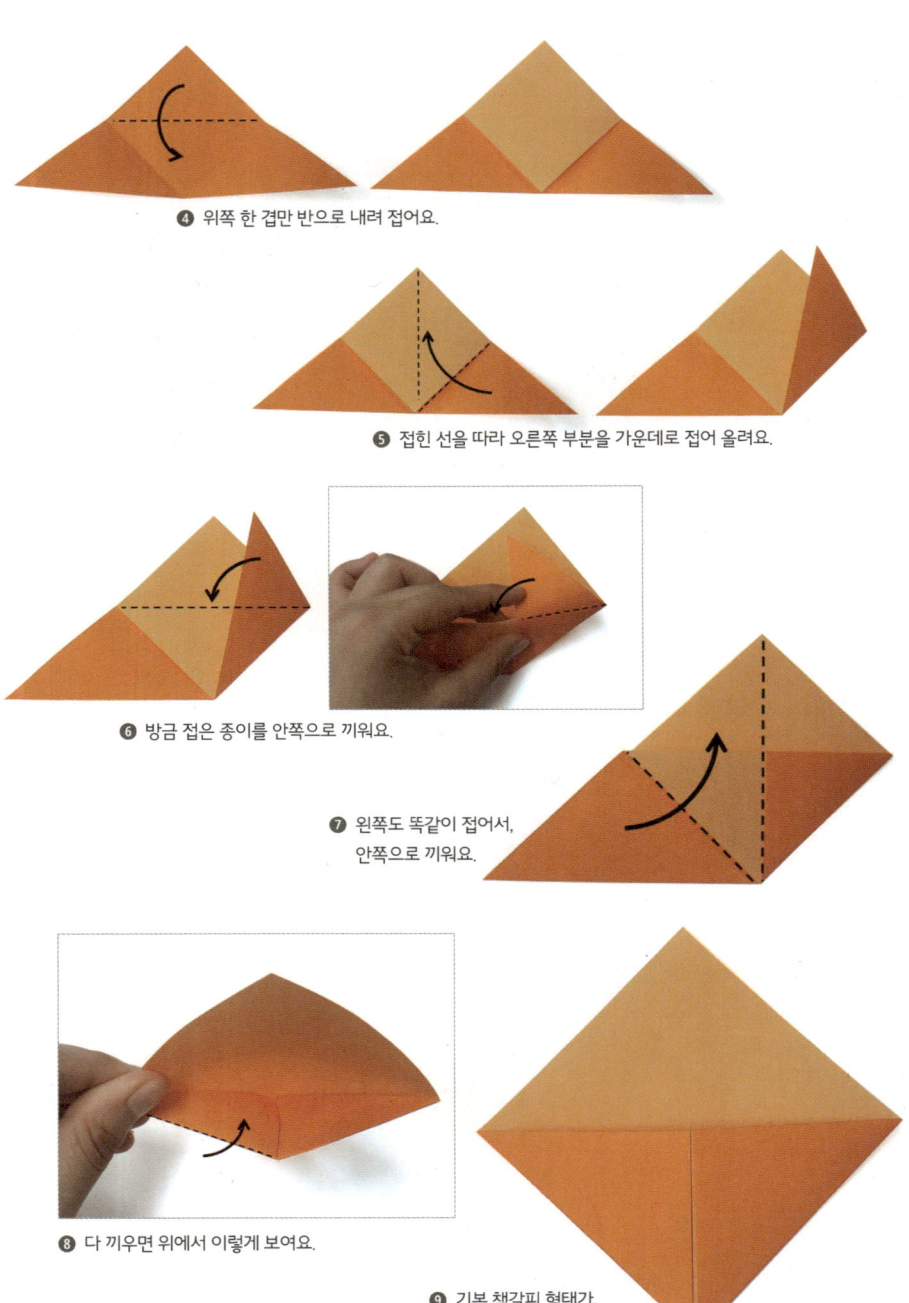

❹ 위쪽 한 겹만 반으로 내려 접어요.

❺ 접힌 선을 따라 오른쪽 부분을 가운데로 접어 올려요.

❻ 방금 접은 종이를 안쪽으로 끼워요.

❼ 왼쪽도 똑같이 접어서, 안쪽으로 끼워요.

❽ 다 끼우면 위에서 이렇게 보여요.

❾ 기본 책갈피 형태가 만들어졌어요!

■ 여우 책갈피 만드는 법

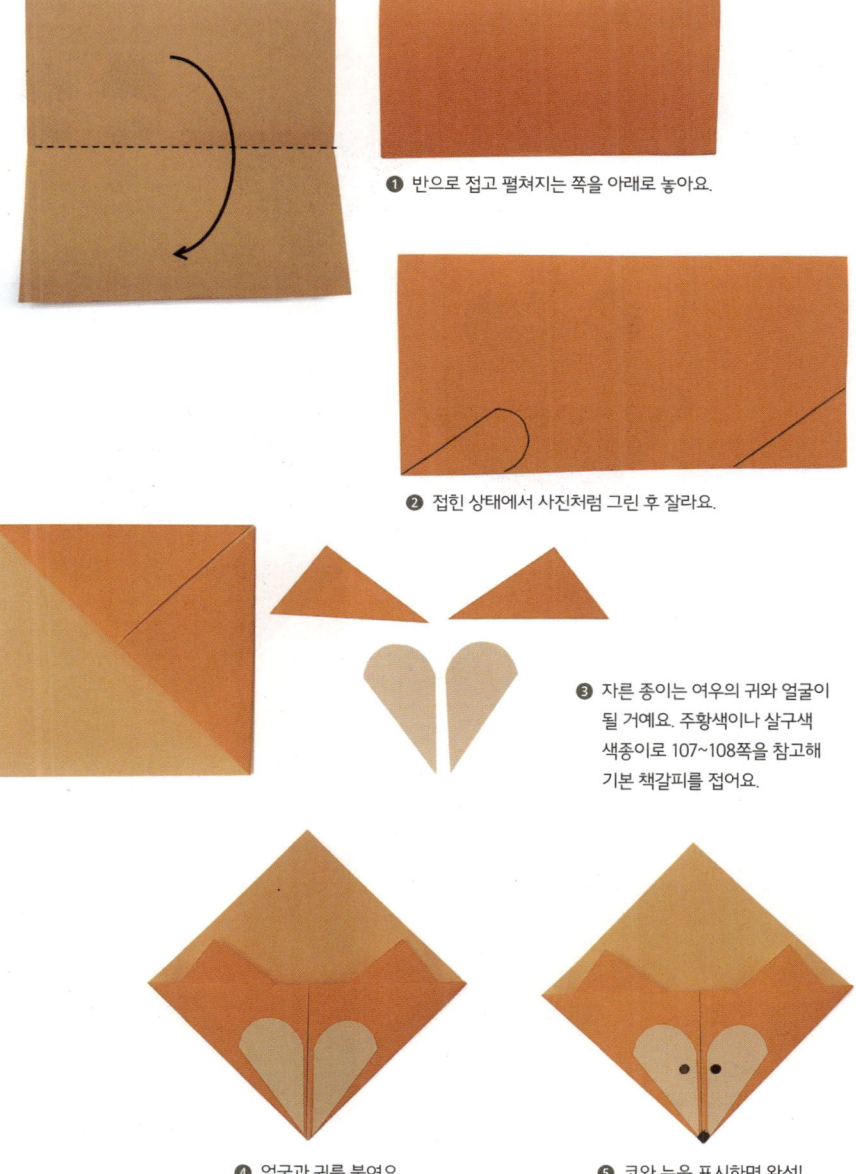

❶ 반으로 접고 펼쳐지는 쪽을 아래로 놓아요.

❷ 접힌 상태에서 사진처럼 그린 후 잘라요.

❸ 자른 종이는 여우의 귀와 얼굴이 될 거예요. 주황색이나 살구색 색종이로 107~108쪽을 참고해 기본 책갈피를 접어요.

❹ 얼굴과 귀를 붙여요.

❺ 코와 눈을 표시하면 완성!

판다 책갈피 만드는 법

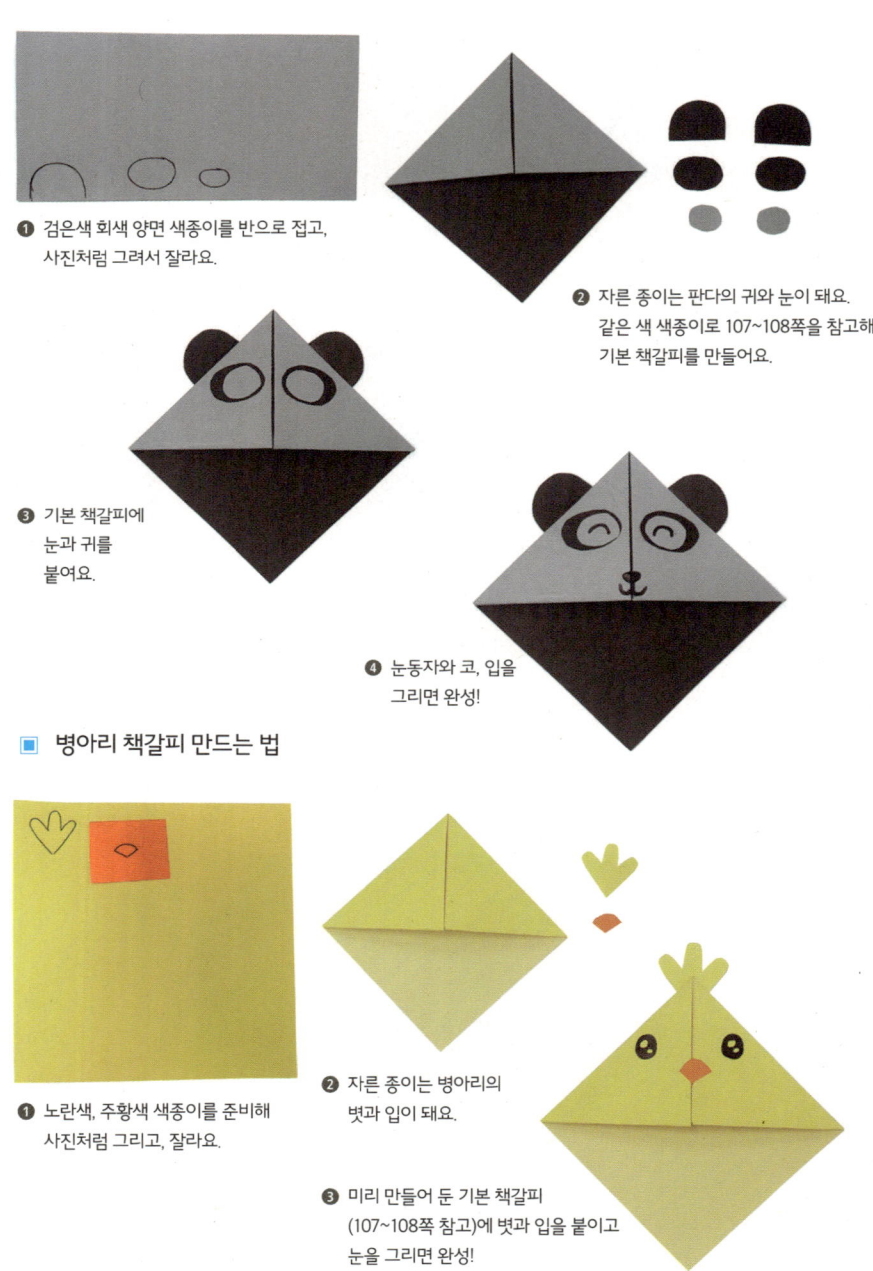

❶ 검은색 회색 양면 색종이를 반으로 접고, 사진처럼 그려서 잘라요.

❷ 자른 종이는 판다의 귀와 눈이 돼요. 같은 색 색종이로 107~108쪽을 참고해 기본 책갈피를 만들어요.

❸ 기본 책갈피에 눈과 귀를 붙여요.

❹ 눈동자와 코, 입을 그리면 완성!

병아리 책갈피 만드는 법

❶ 노란색, 주황색 색종이를 준비해 사진처럼 그리고, 잘라요.

❷ 자른 종이는 병아리의 볏과 입이 돼요.

❸ 미리 만들어 둔 기본 책갈피(107~108쪽 참고)에 볏과 입을 붙이고 눈을 그리면 완성!

■ 토끼 책갈피 만드는 법

❶ 색종이를 반으로 접은 후, 사진처럼 그려서 잘라요.

❷ 자른 종이를 토끼 귀로 활용할 거예요.

❸ 접어 둔 기본 책갈피에 귀를 붙이고, 눈, 코, 입을 그리면 완성!

■ 곰 책갈피 만드는 법

❶ 갈색 색종이를 반으로 접은 후, 사진처럼 그려서 잘라요.

❷ 자른 종이는 귀와 코로 쓰여요.

❸ 기본 책갈피에 귀와 코를 붙이고, 눈, 코, 입을 그리면 완성!

도란도란 이야기 시간

◎ 만약 내가 몽키라면, 책으로 뭘 할 수 있느냐는 동키의 질문에 뭐라고 대답할 수 있을까요?

◎ 나에게 책은 어떤 의미인가요? '책은 ○○이다.' 문장을 완성하며 이야기를 나눠 보아요.

◎ 혹시 내가 처음 읽은 책도 기억할 수 있을까요? 처음 읽은 책, 최근에 재미있게 읽은 책 등 기억에 남는 독서 경험을 나누어요. 친구가 읽은 책 중 호기심이 가는 이야기는 적어 두고 찾아서 읽어 보기로 해요.

마음을 담은
손바닥 꽃

이 세상에서 제일 사랑스러운 존재,
우리 아이들의 고사리손을 본떠 만든 꽃입니다.
특별한 날, 이 꽃을 누구에게 전해 주고 싶나요?
선물 받는 사람의 눈에는 이 세상 그 어떤 꽃보다 아름다울 거예요.

아빠 셋 꽃다발 셋
국지승 글·그림, 책 읽는 곰, 2017

건축회사 김 과장님, 병원의 김 원장님, 택배를 배달하는 김 기사님의 하루가 시작됩니다. 세 아빠는 정신없이 일과를 보내는 중에도 누군가를 떠올리며 예쁜 꽃을 준비해요.
직업이 다른 아빠들은 서로 다른 고충을 겪으며 저마다의 하루를 보냅니다. 상황은 달라도 아이를 생각하는 마음이 깊고 크다는 공통점이 있지요. 우리가 매일 만나는 사람들도 직업은 다르지만 모두 누군가를 위해 꽃다발을 준비해 본 경험이 있을 것입니다. 그 사실을 기억하면 조금 더 웃으면서, 조금 더 친절하게 이웃들을 대할 수 있지 않을까요?

2월, 정든 학년을 떠나 새로운 출발을 할 시간입니다. 1년을 함께한 소중한 선생님과 친구들에게 꽃을 한 송이씩 선물합니다. 사랑하는 마음, 새로운 시작을 응원하는 마음, 새 학년이 될 것을 축하하는 마음이 가득 담겨 있습니다. 아이들은 어색한 듯 쭈뼛거리며 꽃을 받고는 이내 활짝 웃습니다.

그래서 특별한 날, 소중한 순간에는 늘 꽃이 함께하나 봅니다. 예쁜 꽃다발을 품에 든 세 아빠의 이야기, 『아빠 셋 꽃다발 셋』을 펼쳤습니다.

아침 시간, 오케이 택배 김 기사님, 튼튼 소아과 김 원장님, 탄탄 건설 김 과장님이 바쁘게 출근합니다. 배달할 택배 상자는 백 개가 넘고, 사무실로는 끊임없이 전화가 옵니다. 진료실에도 아이들 울음소리가 끊이지 않지요. 정신없이 바쁜 와중에 김 기사님이 꽃다발을 하나 삽니다. 서류 작업으로 바쁜 김 과장님도, 국수로 간단히 점심을 먹는 김 원장님도 꽃다발을 삽니다. 꽃다발은 왜 샀을까요? 아이들은 자유롭게 상상해 봅니다.

"결혼기념일을 축하하려고요! 결혼한 햇수만큼 꽃을 샀어요."
"엄마 생일 선물이에요. 엄마가 좋아하는 꽃을 산 거죠."
"겨울이니까, 딸이나 아들 졸업식 선물일 수도 있어요."

하늘이 어두워지고 눈이 펑펑 쏟아집니다. 오늘 하루도 눈코 뜰 새 없이 바빴던 세 아빠가 어딘가로 향합니다. 졸업식, 어버이날, 생일 등 일상의 소중한 순간에는 꽃이 함께 있었어요. 꽃 선물에는 서로를 사랑하는 마음이 담겨 있지요. 선물 받는 사람은 물론, 선물하는 사람도 함께 행복해요. 그 따뜻한 기억을 떠올리며 '마음을 담은 손바닥 꽃'을 만들어 보기로 했어요. 내 손바닥을 본떠 이 세상에 단 하나뿐인 꽃을 만들고 사랑하는 사람에게 선물하는 거예요.

나만의 꽃다발을 완성하고, 아이들은 행여라도 망가질까 봐 조심스레 꽃을 쥐어 봅니다. 꽃을 바라보는 아이들의 눈빛이 『아빠 셋 꽃다발 셋』에서 꽃다발을 준비한 부모님의 표정과 같습니다.

아! 우리는 하루하루를 그저 평범하다고 여기지만, 정말 소중한 것이야말로 사랑하는 가족과 함께하는 그 '평범한' 일상일지도 모릅니다. 마음이 담긴 손바닥 꽃은 무심코 흘려보냈던 하루에 특별함을 선사합니다. 사랑을 표현하고 행복을 느끼는 방법은 멀리 있지 않습니다. 오늘 직접 만든 꽃으로 더없이 큰 사랑과 행복을 나눠 보세요.

같이 만들어요 : **마음을 담은 손바닥 꽃**

- ■ 준비물: 색종이, 가위, 연필, 나무젓가락, 노란색과 초록색 털 철사, 꽃 테이프
- ■ 만드는 법

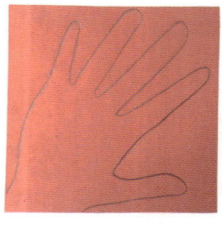 

❶ 색종이에 손바닥을 대고 그린 후 잘라요.

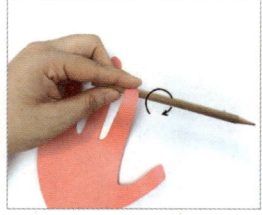 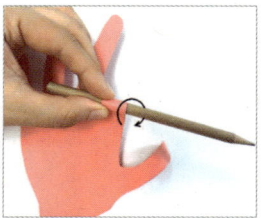

❷ 연필에 손가락을 감아 바깥 방향으로 말아요.

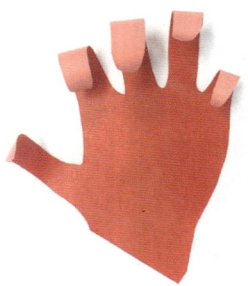

❸ 다 말면 이런 모양이에요.
 (꽃잎 완성)

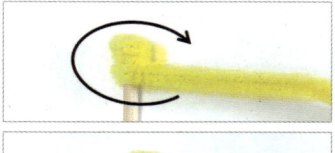
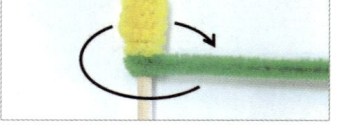

❹ 나무젓가락에 노란색 털 철사(꽃가루)와 초록색 털 철사(줄기)를 말아요.

❺ 다 만 모양이에요.

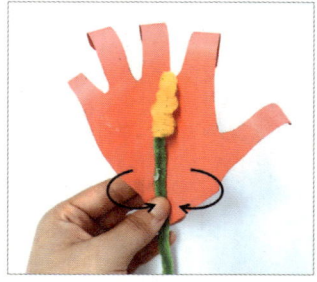

❻ 줄기를 꽃잎 중앙에 놓고, 꽃잎 아래쪽에 풀칠을 한 후 꽃잎을 모아요

❼ 그대로 감아, 꽃 테이프로 고정해요.

❽ 완성! 꽃들을 모으면 예쁜 꽃다발이 돼요.

한 걸음 더

같이 읽어요

『엄마 셋 도시락 셋』
국지승, 책 읽는 곰, 2019

『아빠 셋 꽃다발 셋』의 '엄마 편' 격인 그림책입니다. 101호, 202호, 301호에 사는 세 엄마가 아침부터 분주하게 도시락을 쌉니다. 아이들을 유치원에 보내고 누군가는 집안일에, 누군가는 서류 작업에, 누군가는 마감에 정신이 없습니다. 하루의 끝, 아이들이 맛있게 비운 도시락과 함께 꽃 한 송이를 내밉니다. 그 순간, 세 엄마에게도 봄이 성큼 찾아오지요. 『아빠 셋 꽃다발 셋』과 마찬가지로 엄마들이 보내는 하루 역시 어떤 모습이든 멋지고 아름답다는 점을 생각해 볼 수 있습니다.

도란도란 이야기 시간

◎ 우리 아빠의 하루는 어떤 것 같나요? 그림책 이야기처럼 많은 부모님들이 바쁜 하루 중에도 아들 딸을 생각하면서 힘을 불끈 내실 거예요. 어른들의 하루는 어떨지, 상상해 이야기 나눠 보세요.

◎ 사랑과 정성을 듬뿍 담아 만든 꽃. 아이들과 꽃에 얽힌 추억을 나눠 봤습니다. 유치원 졸업식 때, 학원 연주회 때 꽃다발을 받은 아이들도 있었고 나들이를 가서 엄마 귀에 꽃을 꽂아 준 적도 있었다고 하네요. 개업식에 꽃을 선물하는 부모님 모습도 보았다고 합니다. 우리 아이들 일상에도 꽃으로 축하할 일이 더 많으면 좋겠네요!

기분을 말해 주는
종이컵 감정 인형

학교생활을 하다 보면 다양한 감정과 마주합니다.
종이컵을 돌려 내 마음을 가장 잘 보여 주는 표정을 찾아보세요.
친구에게 다가가 "이건 무슨 마음이게?" 질문하면 친구도 눈을 반짝입니다.
감정 인형으로 내 마음을 보여 주면서 꺼내기 어려웠던 속마음도
편안하고 자연스럽게 나눠 보세요.

기분이 나빠!
소피 헨 글·그림, 최용은 옮김, 키즈엠, 2016

아이에게도 어른에게도 '화'는 좀처럼 다루기 어려운 감정인 듯합니다. 억누를 수도 없고, 있는 그대로 표현할 수도 없습니다. 누군가가 알아채 주길 마냥 기다릴 수도 없고요. 그림책 『기분이 나빠!』도 '화'에 관한 이야기입니다. 책을 읽고 간단한 종이놀이를 하며 건강한 감정 표현법을 생각해 보세요.

아침 시간, 교실에서 반갑게 학생들을 맞이합니다. 문을 열고 들어오는 아이들 표정은 제각각입니다. 밝은 표정으로 기분 좋게 등교하는 학생도 있고, 뭔가 화가 난 듯한 표정으로 자리에 앉는 학생도 있습니다. "오늘 기분은 어떤가요?"라고 물어보면 괜히 시큰둥한 반응입니다. '기분 너무 나빠요, 우울해요, 혼자 두세요.'라고 말하기조차 불편한 모양입니다. 하지만 그 마음을 알지 못하는 다른 친구들은 평소와 같이 장난을 겁니다. 기분이 나빴던 아이는 사소한 장난에도 쉽게 화를 냅니다. 결국 모두 함께 기분이 상하고 맙니다. 말하지 않아도 서로의 마음을 알 수 있으면 얼마나 좋을까요? 다른 친구의 감정을 배려하며 원만한 관계를 맺을 수 있을텐데 말이에요. 그림책 『기분이 나빠!』를 함께 읽기로 했습니다.

폼폼은 아침부터 기분이 나쁩니다. 제일 좋아하는 담요가 아무리 찾아봐도 보이지 않습니다. 동생은 소중한 장난감을 함부로 가지고 놉니다. 칫솔은 까칠하고, 수건은 축축하고 머리 모양마저 맘에 들지 않습니다. 폼폼은 모든 것에 화가 납니다. 최악의 기분으로 학교에 간 폼폼은 그 마음을 친구들에게 분출해 버립니다. 깜짝 놀란 친구들은 폼폼의 곁을 떠납니다. 이 장면을 본 아이들이 안타까움의 한숨을 내쉽니다.

"저도 친구한테 화풀이한 적 있어요. 그럴 때에는 얼른 사과해야 해요."

"폼폼이는 위로가 필요했는데, 친구가 그 마음도 몰라 주고 놀자고만 해서 더 화가 났나 봐요."

아이들 대다수가 자신의 감정을 제대로 표현하지 못해서 다른 사람과 어려움을 겪은 경험이 있습니다. 자기 마음을 잘 알리고, 상대의 마음을 배려해서 행동하는 것이 관계의 핵심이지요.

아이들이 마음을 표현하도록 도와줄 '감정 인형'을 만들기로 했습니다. 간단히 설명하면 종이컵을 겹친 후 돌려 가며 '지금 내 마음'의 표정을 보여 주는 인형이에요. 감정 인형을 만들어서 교실에 걸어 두면 만나는 사람에게 일일이 '지금 내 기분은 나빠.'라고 설명할 필요가 없지요. 친구들의 감정 인형을 살피며 배려 있는 행동도 할 수 있습니다. 어떤 친구가 자기 감정 인형을 '슬픔' '짜증' '우울' 등으로 표시했다면 오늘은 더욱 그 친구를 배려해 줘야겠지요. 감정 인형에 긍정적인 감정이 표시되어 있다면 친구가 기분이 왜 좋은지도 물어보세요. 말을 걸기가 어색했던 친구 사이에 좋은 출발이 되어 줄 겁니다.

감정 인형을 만들었으면 '감정인형 놀이'도 시작해 봅니다. 오늘 어떤 마음인지 알아맞히는 놀이입니다. 행복, 화, 슬픔 등 감정에 관련된 다양한 말도 익힐 수 있지요.

이 놀이를 계기로 내가 자주 느끼는 감정은 무엇인지, 언제 그런 감정을 느끼는지, 화나거나 속상할 때 다른 사람이 자신을 어떻게 대해 줬으면 좋겠는지 이야기 나눠 보세요. 그리고 사물함 위나 정해진 장소에 감정 인형 두는 자리를 마련해 언제든 서로의 마음을 살필 수 있도록 안내해 보세요.

활동이 끝나자 한 친구가 묻습니다.

"선생님, 집에도 감정 인형이 있었으면 좋겠는데, 종이컵 몇 개 가져갈 수 있을까요?"

흔쾌히 재료를 빌려주었습니다. 아이는 자신이 만든 감정 인형을 문 앞에 걸어 두었다고 합니다. 집에서도 가족에게 자신의 마음을 표현할 수 있도록 말입니다. 즐거울 때, 기쁠 때뿐만 아니라 슬플 때, 무지무지 화가 날 때, 가슴이 무척 따끔거리고 아플 때에도 자기 마음을 꺼내 타인과 이야기 나눠 보세요. 자신의 마음을 부드럽게 드러내며 소통할 때 주위 사람들과 더욱 건강한 관계를 맺을 수 있습니다.

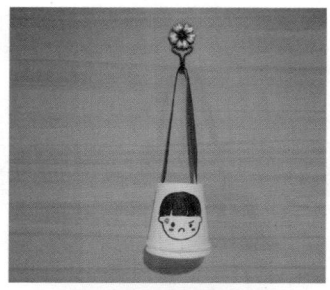

같이 만들어요 : **종이컵 감정 인형**

- 준비물: 무늬 없는 종이컵 두 개, 사인펜(또는 마카나 네임펜), 가위
- 만드는 법

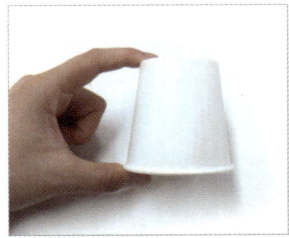

❶ 사진처럼 컵을 잡아요.

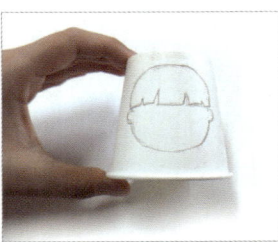

❷ 연필로 얼굴을 연하게 그려요.

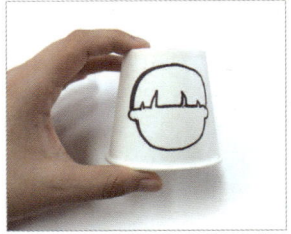

❸ 사인펜으로 연필 선을 따라 그려요.

❹ 머리만 색칠해요.

❺ 입구 쪽으로 가위를 넣어 얼굴 모양만 잘라 내요.(귀 제외)

❻ 컵을 겹쳐 끼운 후, 안쪽 컵에 얼굴 테두리를 연하게 따라 그려요.
안쪽 컵을 돌려 가며 얼굴을 세 개 정도 그려요.

❼ 컵을 빼서 얼굴에 각각 다른 표정을 연필로 그려요.

❽ 사인펜으로 표정을 꾸며요. 이 컵을 '표정컵'이라 부르기로 해요.

❾ 먼저 만든 컵 안에 '표정컵'을 끼운 후, 안쪽 표정컵을 돌리면 자신의 감정(마음)을 알릴 수 있어요.

● 여러 가지 감정(마음)을 나타내는 표정

한 걸음 더

같이 해 봐요

감정 달력 만들기

스탠드형 달력에 다양한 마음을 나타내는 표정을 그리고 붙여 '감정 달력'을 만들어 보세요. 웃는 표정, 사랑에 빠진 표정, 멍한 표정, 화난 표정, 놀란 표정 등을 한 페이지에 하나씩 넣어 두는 거예요. 그리고 그 달력을 책상이나 거실 식탁 등 잘 보이는 곳에 두세요.

우울하고 슬픈 날에는 울상인 표정을 보이게 두고, 설레고 기대되는 날에는 방긋 웃는 표정을 보이게 두세요. 가족들에게 내 마음을 알리고 나도 가족들의 감정 달력을 보면서 오늘 서로 어떤 마음인지 이야기 나누는 거예요.

도란도란 이야기 시간

◎ 책 속 폼폼에게 해 주고 싶은 말이 있나요? 여러분이 폼폼의 친구였다면, 엄마였다면 어떻게 이야기했을지 생각해 보세요. 우리가 폼폼처럼 화가 났을 때 어땠는지도 이야기 나누어요. 화가 나면 어떻게 바뀌나요? 얼굴이 빨개지고 목소리가 커지지는 않나요?

◎ 그런 마음일 때, 주위 사람들이 자신을 어떻게 대해 줬으면 좋겠나요? 자기 편에 서서 위로해 주길 바라는 친구도 있고 혼자만의 시간을 가질 수 있도록 내버려 두길 바라는 친구도 있어요. 맛있는 음식을 먹으면 기분이 풀린다는 친구도 있지요. 화가 났을 때 건강하게 해소할 수 있는 나만의 방법을 찾아봐요.

◎ 우리를 화나게 하는 이유도 이야기해 봐요. 듣기 싫은 별명을 친구가 불렀을 때, 자기 말은 듣지도 않고 끼어들 때, 몸이 안 좋을 때 친구가 장난을 치면 화가 나기도 하지요. 서로 조심해야 할 행동을 알면 더 좋은 친구가 될 수 있어요!

소원을 보여 주는 우산

비가 후둑후둑 쏟아질 때, 그 빗방울이 모두
내가 가지고 싶은 것으로 변한다면 얼마나 좋을까요?
좋아하는 과자일 수도 있고, 귀여운 장난감일 수도 있고,
갖고 싶은 스티커 세트일 수도 있지요!
재미난 상상과 함께 비 오는 날 필수품, 우산을 접어 보아요.
우산을 덮는 천과 손잡이를 따로 만드는 두 단계가 필요하지만
전혀 어렵지 않답니다.

신기한 우산 가게

미야니시 다쓰야 글·그림, 김수희 옮김, 미래아이, 2017

비를 막아 주는 일 대신, 우산에서 다른 쓰임을 찾는다면 우리는 우산을 어떻게 사용할 수 있을까요? 우산은 어떻게 변신할 수 있을까요? 아이들과 신나는 상상을 시작합니다.

비 그친 오후가 되면 우리 교실 우산 꽂이에는 아이들이 챙겨가지 않은 우산이 몇 개나 남아 있기도 해요. 누구나 하나쯤 가지고 있는 흔한 물건, 우산! 그림책『신기한 우산 가게』는 우리에게 익숙한 '우산'을 소재로 다양한 상상을 펼쳐 보게 합니다.

책을 읽기 전에 먼저, 아이들과 여러 이야기를 나누며 우산의 변신을 상상해요. 우산이 펼쳐져 악당을 물리치면 좋겠다는 이야기, 우산을 펼치면 몸이 하늘 위로 둥둥 떠올라 온 세상을 구경해 보고 싶다는 이야기, 엄마가 잔소리를 할 때 '보이지 않는 우산'을 펼치면 그 말이 안 들린다는 이야기까지, 기발한 생각들이 쏟아져 나옵니다.

그림책『신기한 우산 가게』를 본격적으로 읽어 볼까요? 길을 걸어가던 꼬마 돼지는 너구리 아저씨가 운영하는 '신기한 우산 가게'에 도착해요. 너구리 아저씨의 가게에는 펼치기만 하면 우산 안에 그려진 물건들이 하늘에서 떨어지는 특별한 우산을 팔고 있어요. 물고기 그림 우산을 펼치면 물고기가 우수수 떨어져요. 초밥 그림 우산을 펼치면 세상에 있는 초밥들이 우수수, 푸딩 그림 우산을 펼치면 푸딩이 푸득푸득 내려옵니다. 이 장면을 자신에게 대입해 본 아이들은 입만 벌리고 있으면 푸딩이 바로 입속으로 들어올 것 같다거나, 가족들에게 갖다 주고 싶다는 이야기를 했지요.

꼬마 돼지가 우산을 접으면, 거짓말같이 하늘 가득했던 음식이 순식간에 사라져 버려요. 꼬마 돼지 앞에 배고픈 늑대가 나타나는데요. 돼지는 이 무서운 늑대를 어떻게 물리칠 수 있을까요? 아마도 신기한 우산을 활용하지 않았을까요?

아이들과 그림책 이야기처럼 신기한 우산을 함께 만들어 보아요. 알록달록 예쁜 색종이로 우산을 만들고, 우산을 펼쳤을 때 하늘에서 떨어졌으면 하는 것들을 상상해 그려 넣어요. 우산 천에 뭘 그렸는지 친구들과 이야기도 나눠요. 받고 싶은 게 네 개나 되는 친구는 우산을 네 개 만들기도 합니다. 그림책처럼 우산에 사물을 그려도 좋지만 어떤 아이들은 사람들을 그려 넣기도 했어요. 학원 가느라 친구들과 놀지 못해서 심심할 때 우산을 펼치겠다는 아이, 엄마가 보고 싶을 때 우산을 펼쳐 잠깐 만나겠다는 아이의 이야기가 마음을 울립니다. 우산에 그려진 것들이 비처럼 내려온다면 얼마나 좋을까요? 아이들의 상상 덕분에 교실에는 웃음이 비처럼 쏟아지는 것 같습니다.

같이 만들어요 : 소원을 보여 주는 우산

- 준비물: 색종이, 스티커, 사인펜
- 우산 천 만드는 법

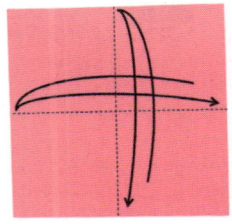

❶ 가로, 세로 네모접기를 한 후 펴요.

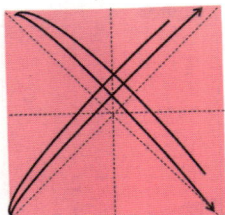

❷ 가로, 세로 세모접기를 한 후 펴요.

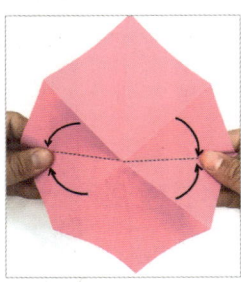

❸ 접기선을 따라 안쪽으로 모아 접어 넣어요.

❹ 중심선에 맞춰 양 옆을 접어요.

❻ 종이를 뒤집어 펴서 접기 선을 따라 네 귀퉁이를 접어 올려요.

❺ 가운데 선을 중심으로 양쪽을 모아 접어요. 뒤쪽도 똑같이 해요.

❼ 선을 따라 다시 접어 끝부분을 아주 조금만 잘라요. 이때 구멍이 너무 크면 우산손잡이가 빠질 수 있어요.

■ 우산 손잡이 만드는 법

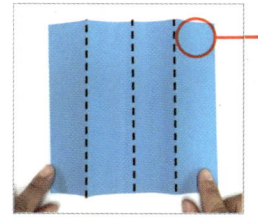

❶ 색종이를 네 등분 해서 그중 한 부분을 잘라 끝부분을 손톱만큼 접어 올려요.

❷ 끝에 접은 부분이 바깥쪽이 되도록 반으로 접어요.

❸ 반으로 접은 ②종이를 ㉠과 ㉡으로 접어요.

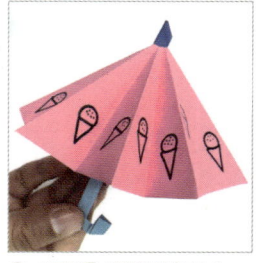

❹ 색이 다른 끝부분을 가운데 선을 중심으로 세모로 접은 뒤, 서로 마주 접어요.

❺ 우산 손잡이 부분은 구부러진 모양이 되도록 두 번 꺾어 접어요.

❻ 우산에 내가 원하는 것을 그리거나 스티커를 붙여요.

❼ 손잡이를 연결하면 완성~!

한 걸음 더

같이 읽어요

『토끼의 마음 우산』
최정현 글, 김온 그림, 꿈터, 2017

『신기한 우산 가게』처럼 우산을 소재로 한 그림책이에요. 갑자기 비가 쏟아지고, 동물들은 통나무집으로 몸을 피합니다. 양보하지 않으려는 동물들 틈에서 덩치 작은 토끼는 결국 통나무집 밖으로 밀려납니다. 속상했지만, 토끼는 동물 친구들에게 우산을 나누어 줍니다. 우산 종이접기 놀이를 하며 『토끼의 마음 우산』을 함께 읽어 보세요. 공동체 감수성, 양보와 배려에 관해 다양한 입장에서 생각해 볼 수 있는 그림책입니다.

도란도란 이야기 시간

◎ 신기한 우산을 선물로 주고 싶은 사람이 있는지도 이야기 나눠 보세요. 누구에게 이 우산이 필요할까요?

◎ 일이 바빠 늦게 들어오는 가족에게 어떤 우산이 필요할까요? 나를 돌봐주는 어른들에게 어떤 우산이 필요할까요? 누군가에게 혼날 때, 우리에게는 어떤 우산이 필요할까요? 가족의 소원을 들어 주는 신기한 우산 이야기를 나눠 봐요.

협동심을 기르는 콧물끼리 종이컵 놀이

잘하는 것도, 좋아하는 것도 다른 아이들이 모인 교실.
서로서로 힘을 모으고 조절하는 놀이를 해 봐요!
친구에게 양보하기도 하고 친구가 이동하는 방향으로 따라가기도 하면서
다른 사람과 협동하는 방법을 배워요.

콧물끼리
여기 글·그림, 월천상회, 2017

표지를 보면 제목 디자인부터 시선을 사로잡습니다. '코끼리'의 검은 글자와 '콧물'의 노란 글자가 합쳐져 제목 '콧물끼리'가 완성되었습니다. 코끼리는 왜 '콧물끼리'가 되었을까요? 이 그림책은 남들과 다른 외모 때문에 놀림받던 코끼리가 자신감을 회복하는 과정을 그렸습니다. 주인공의 마음에 감정이입을 하며 함께 책을 읽어 보아요!

"친구가 키 작다고 놀려요." "뚱뚱하다고, 저더러 돼지래요." "달리기가 느리다고, 같이 잡기 놀이 안 한대요." 아이들은 겉모습이나 능력을 놓고 곧잘 친구를 평가하곤 합니다. 바람직하지 않다는 걸 머리로는 알지만 실천으로 옮기는 데에는 시간이 좀 더 걸리기에 교사가 나서는 일도 필요합니다. 뜻하지 않게 놀림받은 아이들이 상처를 입지 않게 하기 위해서입니다. 어떻게 하면, 우리 모두가 서로의 다름을 이해하고 함께 어울릴 수 있을까요? 그 이야기를 나누기 위해 『콧물끼리』그림책을 펼쳤습니다.

책 표지를 살펴봅니다. 노란 코를 가진 코끼리가 즐거운 표정으로 당당하게 서 있어요. 그런데 코의 색깔과 모양이 우리가 알고 있던 모습과 조금 다릅니다. 아이들은 '콧물끼리'라는 제목을 보며 '끼리끼리'가 생각난다고 했어요. 친구끼리, 가족끼리, 우리끼리를 말할 때 쓰는 '끼리'는 같은 편이라는 의미 같다며 코끼리 친구들 이야기라는 추측도 했습니다.

그림책은 코 없는 코끼리가 등장하며 시작해요. 코끼리의 상징인 코가 없다니! 마냥 부끄럽고 자신감도 없어요. 숲속 동물 친구들도 코 없는 코끼리라며, 이름에서 코를 빼고 "끼리"라고 놀리기도 했어요. '끼리'는 너무 슬펐어요. 스스로도 부족한 것 같고, 자신 없는 데다가 친구들도 자신을 자꾸 피하는 것 같기 때문이죠. 속상해서 눈물을 펑펑 흘려요. 눈물이 나니 콧물도 주르륵 흐르고요. 그런데 눈물이 멈춰도 콧물은 닦이지 않아요. 떨어지지 않는 노란색 콧물을 주렁주렁 계속 달고 있을 수밖에 없지요.

아이들도 남들과 자신을 비교하며 스스로 부족하다고 생각하는 부분이 있어요. 친구들보다 손가락이 짧고 손이 작아서, 키가 작아서, 행동이 느려서, 목소리가 작아서, 물건 정리에 서툴러서…… 하지만 이런 점도 긍정적으로 볼 수 있습니다. 손이 작다면 색종이 접기에 유리할 수 있고요, 행동이 느린 건 그만큼 신중해서일 수도 있어요. 키가 작은 친구는 날렵하게 움직일 수 있고요, 목소리가 작거나 물건 정리에 서툰 친구는 스스로 발전할 수 있도록 함께 기다려 주면 됩니다.

이렇게 개성이 각자 다른 아이들과 종이접기도 해 보고, 재미난 놀이도 곁들여 보기로 합니다. 노오란 콧물을 흘리는 주인공, '끼리'의 얼굴을 접을 거예요.

노란 콧물도 종이로 표현하냐고요? 콧물은 노란색 줄로 매달 거예

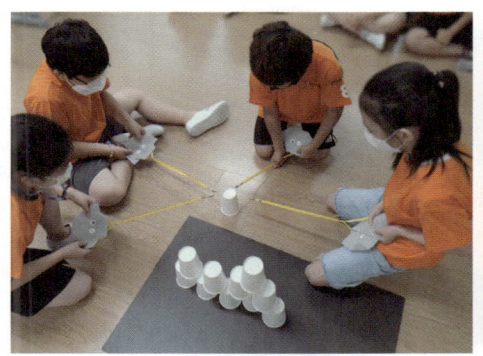

요. 콧물 끝에는 고무줄을 하나 달아요. 종이로 접은 얼굴 네 개에 연결하고, 네 친구들이 하나씩 잡으면 재미난 놀이도 할 수 있어요. 고무줄 사이에 종이컵을 넣고 서로 힘을 알맞게 주어 고무줄을 늘였다 줄였다 하며 종이컵을 붙들어 옮기는 놀이입니다. 서로의 손힘을 느끼면서 상대방의 방향과 속도를 맞추다 보니, 다른 친구를 유심히 살펴보게 되고 또 배려하는 방법도 알게 됩니다. 그림책 『콧물끼리』의 '끼리'는 어떻게 되었냐고요? 끼리에게 기다란 코는 없지만 대신 다른 코끼리에게는 없는 무언가가 있지요? 그래요! 콧물이 있잖아요! 끼리는 콧물로 생각보다 다양한 것들을 해낼 수 있게 되었습니다. 끼리가 어떻게 '끼리'에서 '콧물끼리'가 되었는지 그림책으로 확인해 보세요!

같이 만들어요 : **콧물끼리 접어 보기**

- 준비물: 회색 색종이 또는 정사각형 모양 색지, 클립 목걸이 줄, 투명 테이프, 눈 스티커(선택), 종이컵, 고무줄

  * 눈 스티커 대신 펜으로 눈을 그리는 것도 가능해요.
  * 줄은 "클립 목걸이 줄"로 검색하면, 구입할 수 있어요.

- 만드는 법

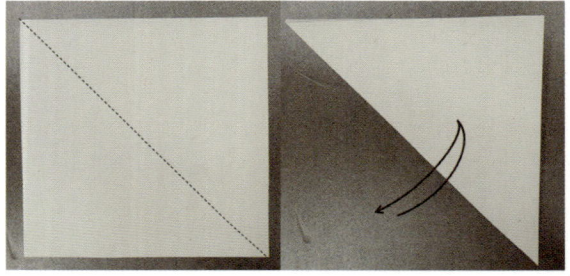

❶ 세모 모양으로 접었다 다시 펴요.

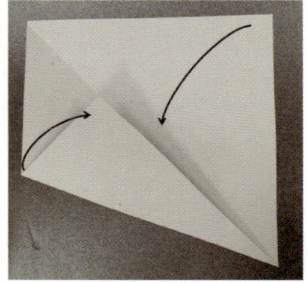

❷ 중심선에 맞춰 양쪽을 접어요.

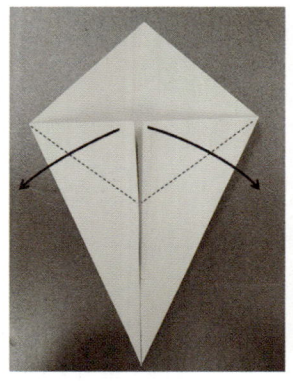

❸ 양쪽을 똑같은 모양으로 벌려 접어요.

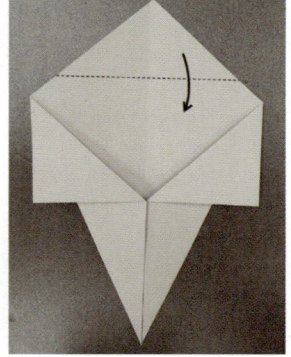

❹ 윗부분을 아래쪽으로 내려서 접어요.

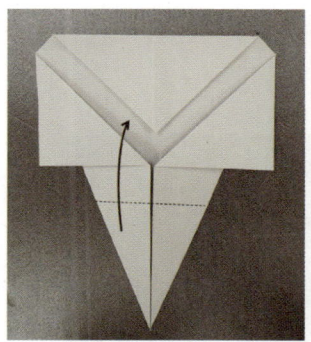

❺ 아래쪽에 있는 뾰족한 부분을 위로 접어 올려요. 이 부분이 코끼리 코가 되어요.

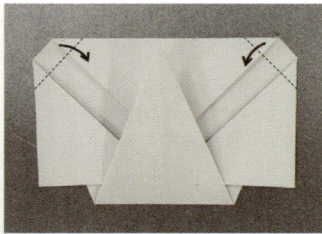

❻ 양쪽의 뾰족한 부분을 같은 비율로 가늠해 안쪽으로 접어요.

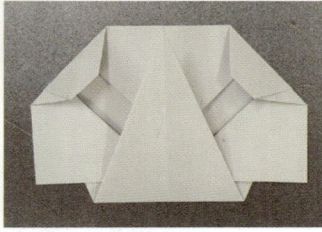

❼ 접힌 양쪽이 코끼리 귀가 되어요.

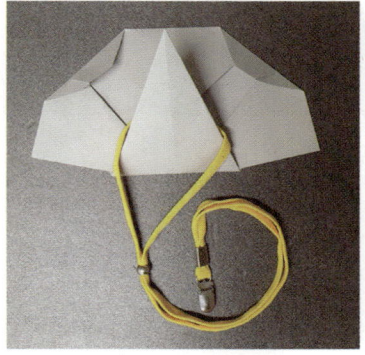

❽ 코 부분에 줄을 걸어, 테이프로 고정시켜요.

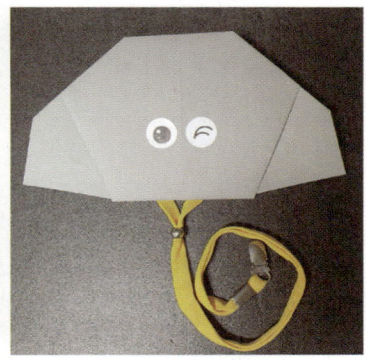

❾ 눈 스티커를 붙이거나 펜으로 눈을 그려서 얼굴을 완성해요.

❿ 줄의 클립에 고무줄을 고정해서, 종이컵에 끼워요.

2장 _ 종이놀이를 즐겨요 **137**

■ 콧물끼리로 종이컵 피라미드 쌓기

콧물끼리 네 마리를 하나의 종이컵에 연결해요.

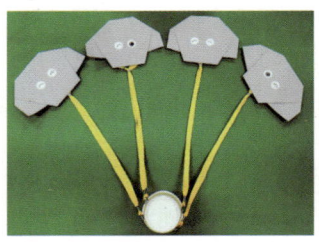

1단계: 콧물끼리로 종이컵을 옮겨 봐요.

고무줄 사이에 종이컵을 넣어요. 콧물끼리 얼굴을 잡아당기면 고무줄이 늘어나면서 종이컵이 빠지지요. 네 사람이 힘을 합쳐 컵을 옮기려면 고무줄이 컵을 붙들고 있을 수 있도록 힘을 적당히 조절하며 컵을 이동시켜야 해요.

2단계: 콧물끼리로 종이컵을 옮겨 피라미드 놀이를 할 수 있어요.

① 정해진 시간 동안 피라미드 쌓기

양쪽으로 편을 나누어 한 모둠(4인)씩 정해진 시간 동안 콧물끼리로 종이컵 열 개를 옮겨요. 종이컵이 놓일 판을 두 개 준비한 다음 이쪽 판에서 저쪽 판으로 컵을 옮기는 거예요. 1층부터 차근차근 쌓아 4층짜리 피라미드를 만들어요.

② 릴레이로 피라미드 쌓기

양쪽으로 편을 나누어 한 모둠이 ①번 놀이를 하면, 다음 모둠이 이어서 콧물끼리로 종이컵을 옮겨 피라미드 모양으로 쌓는 게임도 할 수 있어요.

한 걸음 더

같이 읽어요

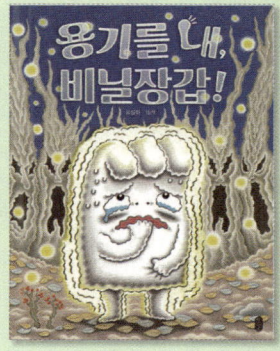

『용기를 내, 비닐장갑!』
유설화 글·그림, 책읽는곰, 2021

놀림의 대상이 된 콧물을 오히려 장점으로 승화한 코끼리 이야기 『콧물끼리』에 이어 이번엔 비닐장갑이 우리의 고정관념을 기분 좋게 바꾸어 줍니다. 산에 올라 별을 관찰하는 캠프를 가는 날, 비닐장갑은 벌써 겁을 먹었어요. 비닐은 가벼워서 바람에 날아갈 수도 있고, 불에 금방 타기도 해 걱정이거든요. 캠프가 무사히 끝나나 싶었는데 그만, 어두운 산길을 가는 친구들과 선생님에게 위험한 일이 생긴 거예요. 겁 많은 비닐장갑은 친구들을 돕기로 합니다. 비닐장갑의 걱정거리였던 '가벼움'이 뜻밖의 도움이 되었답니다. 우리가 단점이라고 생각했던 것도 장점이 될 수도 있어요. 필요한 순간, 용기를 내, 할 수 있는 것을 시도한다는 점이 중요한 사실 아닐까요?

도란도란 이야기 시간

◎ 콧물끼리와 친구가 되어 함께 놀아 보니 기분이 너무 좋아요. 그런데 그림책을 읽으며 콧물끼리가 펑펑 눈물도 나고, 주르륵 콧물까지 흘렸을 때는 마음이 어땠나요? 나는 언제 가장 눈물이 났나요?
◎ 부끄럽다고 생각하는 일이 있었다면 편안하게 이야기해 보아요.
◎ 콧물끼리에 달린 고무줄을 옮겨 피라미드를 만드니 어땠는지 소감도 나누어 보세요.

사막에서 만난
알록달록 아이스크림

아이스크림을 보면 다양한 도형을 찾을 수 있어요.
동그라미와 세모가 보이기도 하고
원뿔과 구가 보이기도 해요.
재미난 상상이 담긴 그림책을 읽으며 종이로 아이스크림을 만들어 보아요.
종이놀이를 하는 동안 도형과도 친숙해질 수 있답니다.

아이스크림
안단테 글, 강은옥 그림, 우주나무, 2020

뜨거운 태양 아래에서 하루 종일 걷는 네 친구가 있어요. 지금 이들에게 가장 필요한 것은 무엇일까요? 차갑고, 달콤하고, 부드러운 것이라고 하네요! 맞아요. 바로 아이스크림입니다. 시원한 아이스크림을 한껏 즐기고, 네 친구는 결국 목적지에 도착합니다. 우리가 무언가를 이루는 과정에는 고난과 역경만 있는 건 아닐 거예요. 이 그림책을 통해 시원하고, 달콤하고, 힘이 불끈 생겨나게 하는 우리 일상 속 '아이스크림'을 만나 보세요.

햇빛이 세게 내리쬐는 여름날 오후, 학교를 마치고 집으로 가는 길을 생각해 봅니다. 하루 종일 수업을 듣느라 힘도 없어요. 햇볕은 왜 이렇게 따갑고 뜨거운 걸까요? 금방이라도 쓰러질 것 같아요. 머리 위에서는 불이 난 것 같고, 얼른 집으로 가고 싶은 마음이 간절해요.

그림책 『아이스크림』에 등장하는 네 친구도 비슷한 상황이에요. 낙타와 코끼리, 사막여우, 목도리도마뱀, 네 친구는 태양이 작열하는 사막 길을 걸어요. 덥고 숨 막히고 어지럽고 짜증이 나서 폭발할 것 같아요.

학교 수업부터 방과 후 공부까지 연이어 참여하는 우리 아이들도 네 친구가 걷는 사막처럼 고된 생활을 견디고 있지는 않을까요? 너무 힘든 일이 생겼을 때, 우리 반 친구들은 그 마음을 어떻게 풀어내고 있을까요?

"방에 들어가서 혼자 음악을 들어요. 마음이 차분해질 때까지 기다려요."

"그림을 그려요. 마음대로 낙서를 할 때도 있고, 멋진 그림을 그려 보기도 해요. 그러면 어느 순간 마음이 가라앉아요."

"귀여운 곰인형을 여러 번 쓰다듬어요."

"친구랑 같이 맛있는 거 사 먹으면서 이야기를 나눠요."

"일기장에 적어요. 왜 혼났는지도 쓰고 억울했던 것도 속 시원하게 써 놓아요."

아이들은 저마다의 방법으로 마음속 갈등을 해소하고 있었습니다. 그림책의 네 친구는 사막에서 겪고 있는 어려움을 어떻게 해결했을까요? 사막 길을 걷던 친구들 앞에 신기루처럼 아이스크림 성이 나타나요. 네 친구들은 서로 도와 성에 오르고, 아이스크림을 실컷 먹고, 시원한 놀이동산을 구석구석 즐깁니다. 사막을 걸으면서 생겼던 짜증이 금방 날아갔어요.

그림책에서 시각적으로 절정을 이루는 부분은 단연 '아이스크림 나라'가 그려진 부분이라고 할 수 있습니다. 다채로운 색이 어우러져 황량한 사막과 대비되는 느낌을 주면서 시선을 사로잡지요.

우리도 다양한 색을 써서 알록달록 나만의 아이스크림을 만들어 봐요. 책상이나 장식장 위에 올려놓고 기분이 좋아질 때까지 바라보기도 하고 즐거웠던 만들기 시간을 떠올리기도 해 봐요. 주위의 작은 풍경만으로도 축 처졌던 기분을 다시 끌어 올릴 수 있거든요.

또 아이스크림을 만들면서 도형에 관한 이야기도 나눠 봐요. 평면인 종이를 구겨 공처럼 부피를 만들어 주면 작은 구가 되고, 삼각형을 말아 붙이면 원뿔이 된답니다. 종이놀이를 하며 도형 수업도 함께 해 보세요. 도형을 찾으며 평면과 입체의 차이를 알 수 있고 각 도형의 특성도 파악할 수 있답니다.

같이 만들어요 : **알록달록 아이스크림**

- ■ 준비물: 색종이, 풀(투명 테이프), 눈 스티커
- ■ 만드는 법

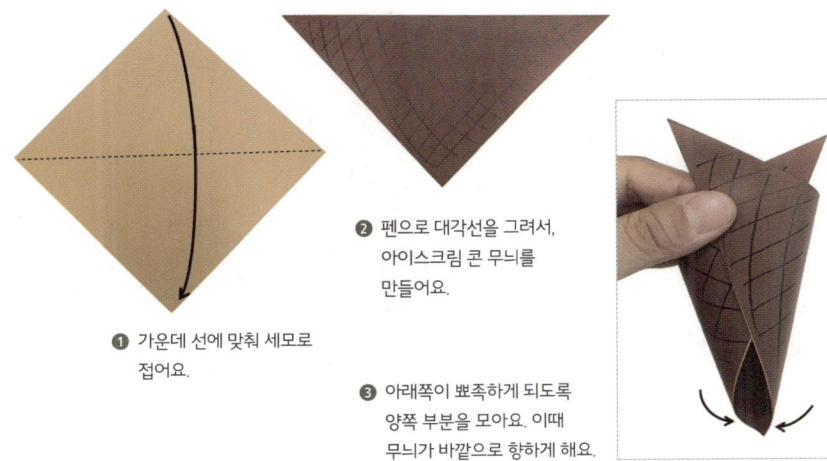

❶ 가운데 선에 맞춰 세모로 접어요.

❷ 펜으로 대각선을 그려서, 아이스크림 콘 무늬를 만들어요.

❸ 아래쪽이 뾰족하게 되도록 양쪽 부분을 모아요. 이때 무늬가 바깥으로 향하게 해요.

2장 _ 종이놀이를 즐겨요 **143**

❹ 콘 위로 올라온 부분은 안쪽으로 접어 넣어요.

❺ 안쪽에 신문지를 구겨 넣어요.

❻ 공 모양으로 신문지를 뭉치고 색종이로 겉을 감싸 아이스크림을 만들어요. 그 위에 색종이 조각들로 토핑을 예쁘게 장식해요.

❼ 아이스크림과 콘을 투명 테이프나 풀로 고정시키면 완성!

같이 만들어요 : **아이스크림 받침대**

- 준비물: 컬러 공예철사(여러 가지 색깔)
- 만드는 법

❶ 컬러 공예철사를 준비해요.

❷ 딱풀에 맞추어서 공예 철사를 감아요.

❸ 필요한 만큼 길이를 맞춰 스프링 모양으로 만들어요.

❹ 스프링 아래쪽을 조금씩 벌리면서 원을 넓혀 줘요.

❺ 스프링이 받침대 역할을 할 수 있을 만큼 아래쪽 큰 원이 충분히 만들어지면 철사를 한 줄 길게 올리고, 위쪽에서 원을 만들어요. 위쪽 원은 아래쪽보다 크기가 작아야 해요.

❻ 아이스크림 콘을 꽂으면 완성!

도란도란 이야기 시간

◎ 아이스크림에 얽힌 추억을 이야기해 보세요. 동생과 싸우고 아이스크림을 나눠 먹으며 화해한 기억, 하기 싫은 숙제를 앞에 두고 아이스크림으로 기분을 풀었던 날, 자신을 오래 기다리게 한 아빠가 사 준 아이스크림 등 저마다의 이야기들이 끝없이 펼쳐질 거예요. 또 아이스크림처럼 내 기분을 풀어 주는 간식은 어떤 것이 있는지도 이야기 나눌 수 있어요.

3장

종이놀이가 자신 있어요!

난이도 ★★★
완성 소요 과정 : 10회 초과

"
좀 더 정교한 만들기의 세계에 도전해 보세요.
성취감과 자신감을 얻을 수 있어요.
복잡해 보이지만 선생님의 설명만 있으면
어렵지 않답니다!
"

더위를 식히는
수박 부채

여름의 대표 과일, 수박을 닮은 부채를 만들기로 합니다.
손잡이를 쥐고 360도로 돌리면 동그란 수박 부채가 짠!
친구를 시원하게 해 줄 수도 있고,
라켓처럼 활용해 풍선 공놀이도 할 수 있어요!

수박 수영장

안녕달 글·그림, 창비, 2015

색연필 질감의 그림이 친근하고 정겨운 느낌을 줍니다. '수박에서 수영을 한다'는 기발한 설정이 아이들에게 인기 만점이지요. 수박 수영장에서는 어린이, 어른, 장애인, 비장애인, 모두 다 함께 어우러질 수 있습니다. '척' '웃샤' 등 재미난 의성어와 의태어가 풍부하게 실려 있어 소리 내어 읽으면 더욱 풍부한 감상을 이끌어 낼 수 있습니다.

여러분은 여름을 좋아하나요? 여름 하면 바다, 계곡, 수영장에 놀러 갈 생각에 설레요. 맛있는 팥빙수, 수박, 참외, 삼계탕도 잘 어울리는 계절이에요. 그런데 너무 싫은 점도 있어요. 무더위와 장마는 우리를 괴롭게 해요. 모기와 밤에 울리는 매미 소리도 빼놓을 수 없는 여름 불청객 중 하나예요. 좋으면서도 싫은 계절, 여름에 잘 어울리는 그림책『수박 수영장』을 꺼냈습니다. 표지를 보자마자 아이들이 질문을 쏟아 냅니다.

'수박 수영장은 언제 열릴까?' '수박 수영장에는 누가 있을까?' '수박 수영장 입장료는 얼마일까?' '수박씨도 가지고 놀까?' '수영장에서 수박을 먹을까?' '수박 물이 찐득하지는 않을까?'

질문에 대한 답은 책을 읽으면서 찾아보기로 했습니다. 이글이글

햇볕이 불타고 매미 소리가 들리는 어느 날, 잘 익은 수박이 '쩍~' 하고 갈라집니다. 드디어 수박 수영장이 개장한 것이지요. 온 마을 사람들이 모여듭니다. 어른, 아이 할 거 없이 다이빙도 하고 물싸움도 벌이고 미끄럼틀도 탑니다. 얼굴에는 행복한 미소가 가득하지요. 수영하고 싶다고, 다이빙을 잘한다고, 워터파크에 가고 싶다고, 아이들도 서로 아우성입니다.

다시 그림책을 읽습니다. 한창 물놀이를 즐기는 사이 해가 저물기 시작합니다. 문 닫은 수박 수영장 위로 빨간 단풍잎과 노란 은행잎이 떨어집니다. 새로운 계절, 가을이 찾아오는 것이지요. 여름의 대표적인 과일인 수박과 수영장의 시원한 이미지를 결합한 재기발랄한 그림책입니다.

시원한 수박만큼, 시원한 수영장만큼 더위를 쫓아 줄 작품을 만들기로 합니다. 계단 접기를 한 색종이에 막대를 붙이면, 동그랗게 활짝 펼쳐지는 '더위를 식히는 수박 부채'가 완성됩니다. 재미난 놀이도 해 봅니다. 먼저 넓은 종이에 집이나 새장을 그려요. 모기, 날파리, 쨍쨍한 해, 주룩주룩 내리는 비처럼 여름에 우리를 괴롭히는 것들을 작게 그리고 오려 집이나 새장 그림 위에 얹어 둡니다. 지금부터는 '수박 부채'의 바람으로 이것들을 내보낼 거예요. "준비, 시작!" 여기저기서 힘차게 부채질을 해요. 집 밖으로 더위, 모기, 벌레를 쫓아냈어요. 아이들이 속이 시원하다는 듯 활짝 웃어요. 놀이 후 흐르는 땀방울은 수박 부채로 식혀 줍니다.

집이나 새장 안에
모기, 태양 등을 놓고
부채질을 해서
한 번에 얼마나 날아가는지
겨루는 놀이도
재미있어요.

같이 만들어요 : **더위를 식히는 수박 부채**

- 준비물: 색종이(빨강, 초록, 흰색), 가위, 풀, 실, 아이스크림 막대, 양면 테이프, 네임펜

    * 흰 색종이 대신 A4용지, 양면 테이프 대신 투명 테이프, 아이스크림 막대 대신 종이를 써도 좋아요.

- 만드는 법

❶ 초록색과 흰색 색종이를 두 개씩 길게 잘라요.

❷ 잘라 둔 초록색과 흰색 색종이를 사진과 같이 빨간 색종이 위에 붙여요.

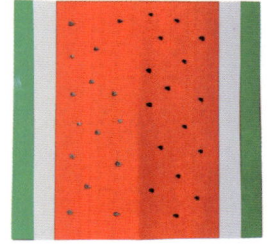 

❸ 빨간 색종이 위에 네임펜으로 수박씨를 찍어요.

❹ 같은 방법으로 수박 두 개를 만들어요.

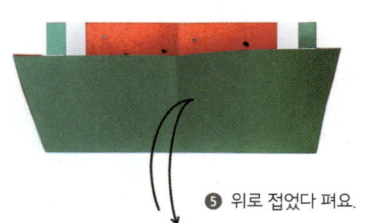

❺ 위로 접었다 펴요.

❻ 가운데 접기선에 맞춰 위로 접었다 펼쳐요.

❼ 방금 생긴 접기선에 맞춰 위로 접어 올려요.

152 그림책 종이놀이

❽ 뒤집어요.

❾ 뒤로 접어요.

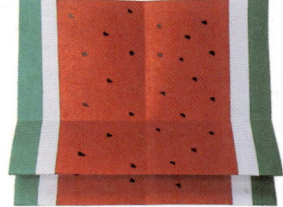
❿ 다시 뒤집어요.

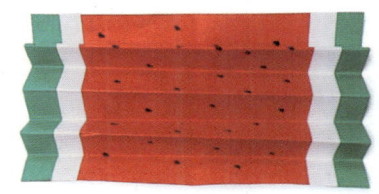
⓫ ❻~❾를 반복해 두 장 모두 앞뒤로 계단 접기를 해요.

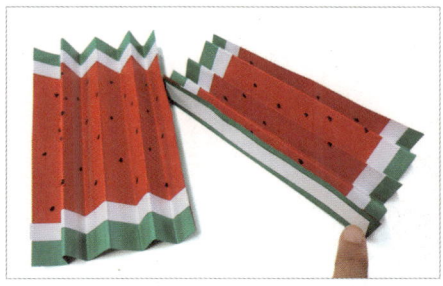
⓬ 한쪽 끝에 양면 테이프를 붙인 뒤 두 개를 연결해요. 투명 테이프로 붙여도 돼요. 풀은 잘 떨어집니다.

⓭ 계단 접기 자국대로 모아 오므린 다음 가운데를 잡아요.

⓮ 가운데를 실로 묶어요.

3장 _ 종이놀이가 자신 있어요! **153**

 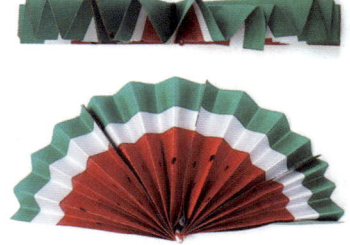

⑮ 초록 면에 풀칠해서 초록 면이 맞닿게 붙여요.

⑯ 위에서 본 모양, 앞에서 본 모양이에요. 부채꼴이 된답니다.

⑰ 양 끝의 초록 면에 양면 테이프를 붙여요.

⑱ 양면 테이프를 이용해 막대를 각각 붙여요. (투명 테이프로 붙일 수도 있어요.)

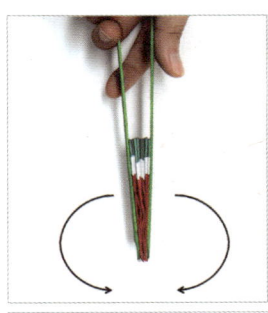 

⑲ 막대끼리 맞닿게 잡으면 부채꼴 모양이 활짝 펴지며 수박 부채 완성!

154 그림책 종이놀이

한 걸음 더

같이 해 봐요

풍선 공놀이

수박 부채를 라켓 삼아 풍선을 위로 통통 쳐 보세요. 협동해서 풍선이 떨어지지 않도록 하는 거예요. 나 한 번, 너 한 번, 한 번씩 번갈아 가며 풍선을 패스해 보세요. 상대방이 잘 받을 수 있도록 튕겨 줘야겠지요? 공이 엉뚱한 방향으로 향하면 순발력을 발휘해 공을 다시 상대방에게 넘겨주고요. 몸을 움직여 함께 노는 재미가 있고 협동심도 기를 수 있답니다.

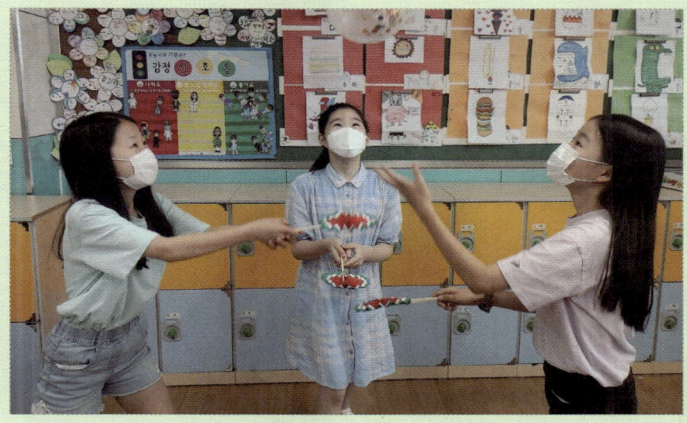

도란도란 이야기 시간

◎ 만약 우리가 수박 수영장에 가면 뭘 하고 놀고 싶은지 이야기해요. 수박 수영장에서 수박씨로는 무엇을 하면서 놀 수 있을까요?

◎ 친구들에게 수박 부채를 부쳐 주며 교실에서 여름에 관련된 이야기를 더 나눠 보아요. '여름' 하면 어떤 추억이 떠오르나요? 아이들은 가족들과 캠프장 계곡에서 물고기를 잡은 기억, 수영장에서 수영을 배운 기억, 열대야로 잠이 안 와 수박을 먹은 기억이 있대요. 여름은 아이들에게 참 재미난 계절인가 봐요!

걱정을 잡아 주는
벨크로 모기채

무더운 여름밤 귀 옆을 스치는 '에에엥~' 모기 소리.
모기에게 한 방 물리기라도 하면 온종일 가렵고 불편하기만 하죠.
파리채를 만들어 모기를 잡아 볼까요?
저기 모기가 도망가요. 모기 잡아라!

모기 잡는 책
진경 글·그림, 고래뱃속, 2019

이 그림책은 검은색과 붉은색으로만 그려졌습니다. 먹물의 농담이 돋보이는 유쾌한 필치 사이 사이로 붉은색의 대비가 돋보입니다. 모기 물린 자리, 모기가 잡히지 않아 화난 감정을 표현한 부분이지요. 모기에 관련된 여름밤 이야기를 생동감 있게 표현한 작품입니다.

교실에 항상 구비되어 있는 비상약품이 있습니다. 바로 상처 연고와 일회용 반창고, 그리고 바르는 모기약입니다. 6월만 되어도 아이들은 엊저녁 산책길에 물렸다면서 퉁퉁 부은 팔다리를 내밀고는 가렵다며 난리입니다. 더 긁기 전에 여기저기 발라 줘야 합니다.

『모기 잡는 책』은 모기가 극성을 이루는 한여름에 특히 공감하며 읽을 수 있는 그림책입니다. 아이들은 제목만 보고도 어서 읽어 달라고 재촉하곤 합니다.

가족이 단잠에 빠져 있던 여름밤, 아이가 우는 소리에 온 식구가 잠을 깹니다. 불을 켜 보니 세상에 엄마, 아빠는 물론 아이의 눈두덩이와 발가락까지 모기가 물어 놓았습니다.

모기는 작지만 쉬운 상대가 아닙니다. 잘 보이지도 않고, 교묘하게 잘 숨으며 엄청 빠른데다 대범하기까지 합니다. 모기를 잡겠다 나선 아빠의 목을 보란 듯이 덥석 물어 버리거든요. 가족들이 이리쿵저리

쿵하다 보니, 소란에 못 이겨 아랫집 할머니가 찾아옵니다. 그 뒤로 이웃집 과학자와 태권도장 관장까지 찾아와 모기를 잡기 위해 고군분투하게 되지요. 과학자는 모기의 비행 궤도를 계산해서, 관장은 본능과 육감으로 도전하지만 모기는 도무지 잡힐 기미가 없습니다.

"얘들아, 한여름 귀찮은 모기처럼 탁 잡아서 근처에 못 오게 하고 싶은 무언가가 있니? 모기처럼 살아 있는 것도 괜찮고 잔소리처럼 내가 싫어하는 것을 자유롭게 이야기해도 괜찮아."

"코로나요. 빨리 없애 버리고 싶어요."

"모기랑 해충들이요. 너무 귀찮고 하루 종일 간지러웠어요."

"전쟁요. 사람들이 싸우고 죽고 불쌍하잖아요."

"더위예요. 땀이 너무 나고 힘들어요."

"학원요. 영어학원도 다니고 미술학원도 다니고 돌봄도 가서 너무 힘들어요."

모기 모양 메모지(161쪽)에 이야기한 것들을 적어 보기로 합니다. 종이를 접고 오려 파리채 모양으로 모기채를 만들고 메모지와 채에 각각 벨크로를 붙입니다. 채로 메모지를 찰싹찰싹 때려 주면 모기가 채에 딱 달라붙어요. 스트레스가 쌓일 때마다 두드려 주면 왠지 모르게 시원하고 후련한 기분이 듭니다.

메모지를 코팅하면 보드마카로 글씨를 썼다 지웠다 여러 번 활용할 수 있어요. 글자나 숫자를 무작위로 적고 사회자 한 명을 정해 사회자가 불러 주는 것을 제일 먼저 채에 붙이는 놀이도 해 보세요.

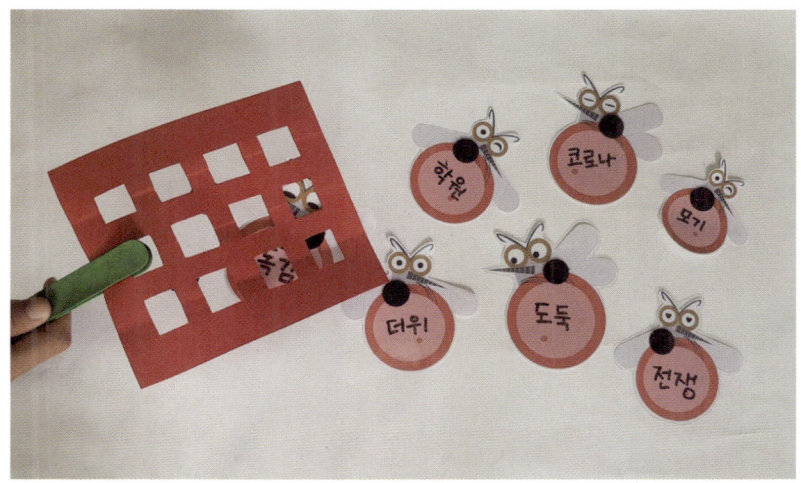

같이 만들어요 : **벨크로 모기채**

- 준비물: 색지(도톰한 종이), 나무 막대 2개, 테이프, 찍찍이(벨크로) 암수 세트, 가위, 모기 모양 메모지
- 만드는 법

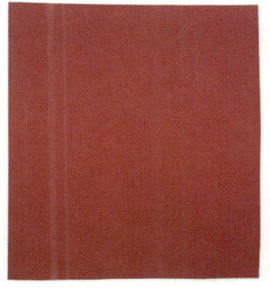

❶ 도톰한 색지 한 장을 색종이 크기만큼 잘라서 준비해요.

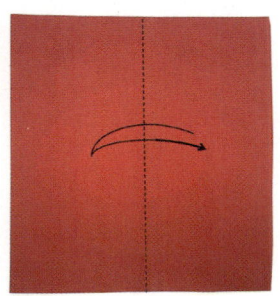

❷ 반으로 접었다 펴요

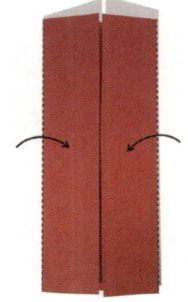

❸ 가운데 선에 맞추어 양쪽을 접어 줘요.

3장 _ 종이놀이가 자신 있어요! **159**

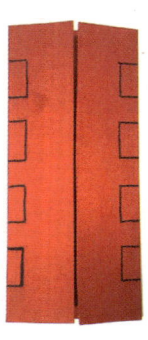
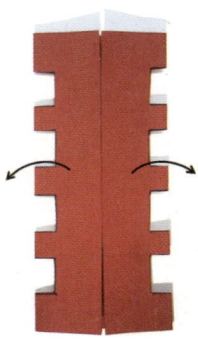
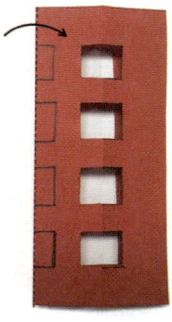

④ 파리채 구멍이 되도록 그림처럼 네모를 그려 줘요.

⑤ 선을 따라 가위로 자른 후 펼쳐요.

⑥ 다시 반으로 접어 접힌 부분에 파리채 구멍을 네모 모양으로 그려 줘요.

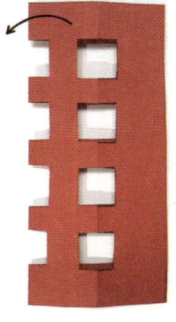

⑦ 선을 따라 가위로 자른 후 펼쳐요.

⑧ 펼친 모양이에요.

⑨ 나무 막대 두 개를 준비하고 한쪽 나무 막대 뒷면에 테이프를 말아 붙여요.

⑩ 나무 막대 두 개에 채 부분을 끼우고 서로 붙여 줘요.

⑪ 파리채 뒷면에 찍찍이(까끌이)를 여러 군데 붙여요.

⑫ 모기 모양 메모지에도 찍찍이(보들이)를 붙여요.

160 그림책 종이놀이

● 모기 모양 메모지

코팅하면 보드마카로 썼다 지웠다 하며 계속 쓸 수 있어요.

선물을 전하는
펭귄 배달부

종이접기로 귀여운 펭귄과 택배 상자를 만들어요.
택배 상자에 진심을 적은 쪽지를 붙이면
액자처럼 세울 수 있는 카드가 되지요.
날지 못하는 펭귄이 어떻게 택배를 전달하냐고요?
그림책 『갈매기 택배』를 펼쳐 좌충우돌 택배를 전하는
펭귄 이야기를 읽어 보아요.

갈매기 택배

이시이 히로시 글·그림, 엄혜숙 옮김, 위즈덤하우스, 2016

어떤 일을 시작할 때 두렵고, 실패할까 봐 도전하지 못할 때가 있어요. 이 그림책은 용기와 도전의 의미를 일깨워 줍니다. 생생하게 묘사된 표정, 따뜻한 느낌을 주는 색연필 질감, 마음을 탁 트이게 하는 항구의 풍경이 인상적인 그림책입니다.

교실에서는 해야 할 일이 많습니다. 그래서 한 달에 한 번 친구들과 역할을 정하지요. 칠판 정리하기, 우유 가져오기, 창문 열고 닫기, 신발장 확인하기, 교실 바닥에 있는 쓰레기 줍기 등 친구들과 교실에서 할 일을 찾아내고, 각자 하고 싶은 일을 정할 때는 마음이 두근거립니다. '과연 내가 저 일을 잘 해낼 수 있을까?' '맡은 역할을 잘 못 하면 어쩌지.' 하는 걱정도 함께 따라오고요. 내가 잘할 수 있는 일에는 무엇이 있을까요? 또 내가 자신 없는 일은 무엇이 있을까요?

또래에 비해 키가 작은 친구가 칠판 정리하기를 하겠다고 손을 들었어요. 곧이어 다른 친구가 "너는 키가 작아서 칠판 높은 곳은 닦지 못하잖아?"라고 말합니다. 친구의 의욕을 꺾는 말 대신 친구를 북돋는 말을 건넬 수 있다면 좋겠지요? 하고 싶은 일을 당당하게 말하는 교실, 친구의 도전과 노력에 박수를 보내는 교실이 되면 더 좋고요!

그림책 『갈매기 택배』와 함께 도전과 용기에 관한 이야기를 펼쳐 봅니다.

주인공 펭귄은 자신이 날지 못하는 것을 까맣게 잊고 있었어요. 그렇지만 소중한 물건을 배달해 내고 싶은 마음은 진지하고 간절했어요. 갈매기 택배 가게는 일이 바쁘고, 힘들어요. 그래서일까요? 일을 쉽게 포기하는 갈매기가 많았어요. 갈매기 점장은 오래 일할 수 있는 지원자를 선택했는데, 가게로 온 첫날 그 직원이 펭귄임을 알게 되었어요. 펭귄은 눈빛이 무서워 보인다는 이유로 택배 접수하는 일, 택배를 분류하는 일에서 좋은 평가를 받지 못했지만 또 다른 장점이 있었지요.

어느 날, 비가 오면서 갈매기들이 날지 못하게 되었어요. 펭귄은 자신만의 방법으로 최선을 다해 밀린 배달을 합니다.

하늘을 나는 대신 다른 대안을 찾은 펭귄과 갈매기 점장의 표정이 특별한 여운을 줍니다. 아이들도 신이 나서, 기상천외한 배송 방법을 쏟아 냅니다.

재미난 상상을 하며 펭귄 배달부와 택배 상자를 만들어 봅니다. 종이를 오리지 않고, 접고 붙이는 과정만으로 상자를 만드는 게 어려울 수 있지만 아이들은 곧잘 따라합니다. 마음을 담은 작은 카드도 함께 준비하면 멋진 장식품이 되지요!

같이 만들어요 ❶ : 펭귄 배달부

- 준비물 : 색종이, 풀, 눈 스티커
- 만드는 법

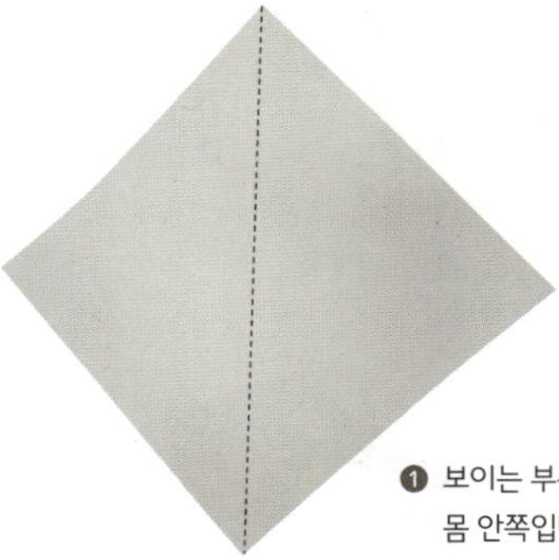

❶ 보이는 부분이 펭귄의 몸 안쪽입니다.

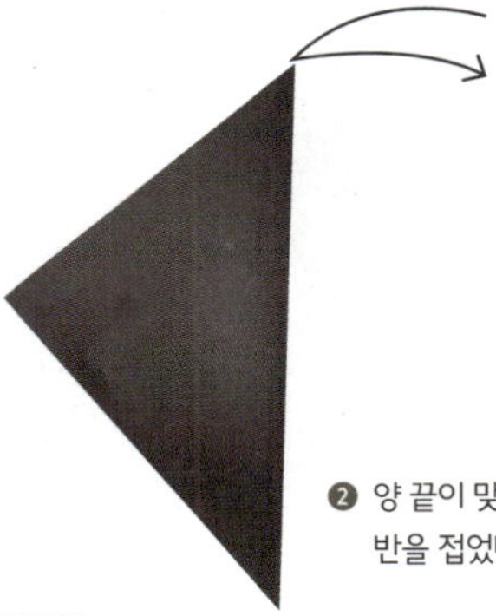

❷ 양 끝이 맞닿도록 반을 접었다가 펴요.

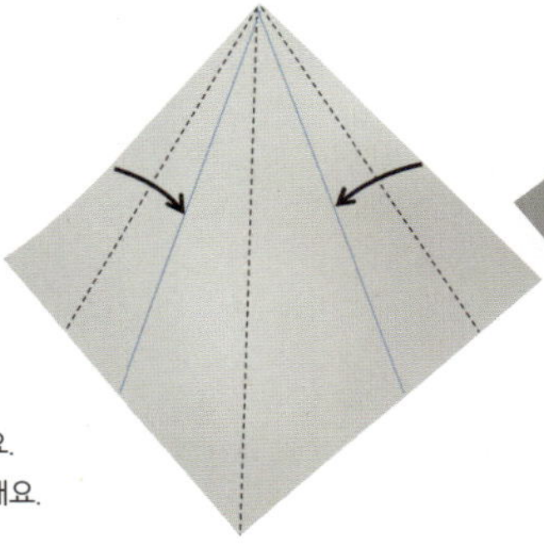

❸ 파란 선에 맞춰 양쪽을 접어요. 접은 부분이 펭귄의 날개가 돼요.

3장 _ 종이놀이가 자신 있어요! **165**

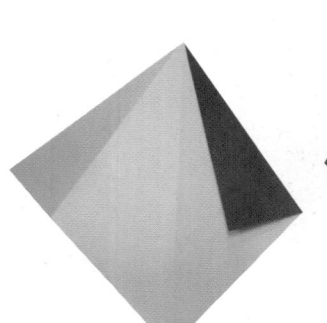
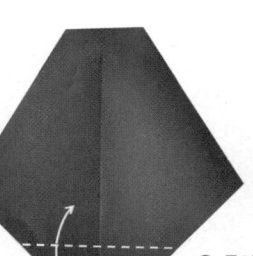

❹ 머리가 될 부분을
사진처럼 접어 내려요.

❺ 종이를 뒤집은 후 아랫부분을
사진처럼
접어 올려요.

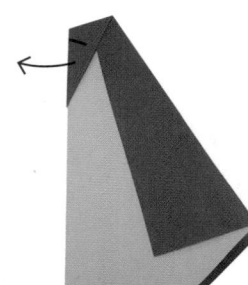

❻ 사진처럼 반으로
모아 접어요.

❼ 위쪽 접힌 부분을 펭귄 머리 모양이
되도록 앞으로 빼내요.

❽ 펭귄의 머리에 눈 스티커를
붙이거나 눈을 그려 주면 완성!

같이 만들어요 ❷ : 마음을 전하는 선물 상자

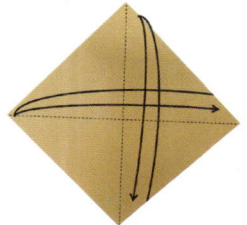
❶ 색종이를 마름모 모양으로 놓고 가로세로로 접은 후 펴요.

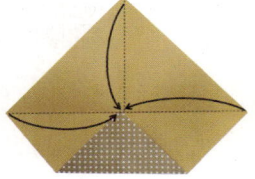
❷ 가운데 쪽으로 접어서 모아요.

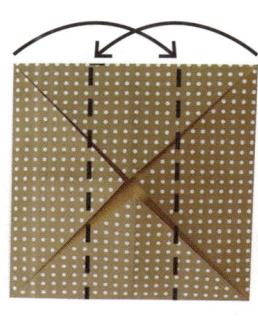
❸ 사진처럼 접기선에 맞춰 가운데로 포개지도록 접어요.

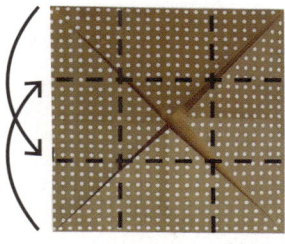
❹ 3번처럼 가로선도 가운데로 포개지도록 접어요.

❺ 다시 펼친 후, 붉은 선까지 접어 줘요.

❻ 접기선에 맞춰 붉은 선까지 접어 내려요.

❼ 사진처럼 빨간 선까지 양쪽을 접어 내려요.

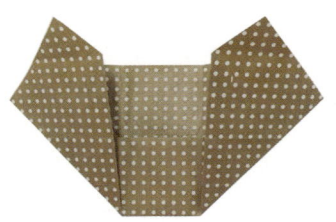

❽ 다시 펼친 후 아래쪽도 접기선에 맞춰 접어 올려요.

❾ 7번처럼 다시 양쪽을 접어 올려요.

 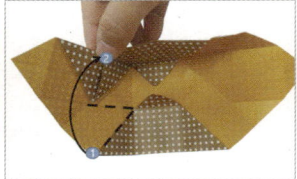 

❿ 사진처럼 접어 세운 후 옆면을 세워 접기선을 따라 자연스럽게 모아 접어 안쪽으로 넣어요.

⓫ 다른 쪽도 접기선을 따라 세워 접어요.

⓬ 상자 모양이 흐트러지지 않도록 풀로 안쪽 o표시된 부분을 붙여요.

⓭ 뚜껑을 접어서 덮으면 선물 상자 완성!

한 걸음 더

같이 읽어요

『똑똑똑, 택배 왔어요』
히가시 아키코 글·그림, 최용환 옮김, 미운오리새끼, 2016

『갈매기 택배』처럼 택배를 소재로 한 이야기예요. 새내기 배달부인 여우 택배 아저씨가 배달해 준 택배 상자! 소리도 들어 보고, 냄새도 맡아 봐요. 무엇이 들어 있을까요? 사실 택배는 잘못 배달된 거예요. 동물들은 결국 택배를 확인하지 못한 채 돌려주는데요. 독자의 아쉬움을 달래 줄 따뜻한 반전이 숨어 있답니다.

같이 해 봐요

우유갑으로 택배 상자 만들기

종이접기로 상자 만들기가 어렵다면 우유갑을 적당한 크기로 잘라 아랫부분을 택배 상자로 활용해 보세요. 접어서 만든 상자보다 견고해 물건을 담기에도 좋습니다.

도란도란 이야기 시간

◎ 그림책에는 낚시하는 고양이, 바다를 헤엄치는 고래, 흐뭇하게 웃으며 걸어가는 여우가 택배를 받았어요. 그 동물들이 어떤 택배를 받았을지, 무엇이 필요할지 상상하고 이야기해 보세요.
◎ 주제에 관해서 생각해 보아요. 못 할 것 같은 일에 도전해 본 경험이 있나요? 내가 펭귄이었다면 어떻게 했을지도 이야기해 봐요.
◎ 택배 상자에 붙이는 카드에는 어떤 내용을 담을까요? 우리 주위의 소중한 사람들을 떠올려 보세요.

나눔 장터를 위한
팝업 카드 초대장

안 쓰는 공책, 어릴 때부터 가지고 놀던 강아지 인형,
어느새 개수가 부쩍 늘어난 우산…….
우리에게 필요하지 않은 물건을 친구들과 서로 교환해 봐요.
이때 팝업 모양의 입체 카드를 활용하면 물건을 나누는 과정도 더 즐겁고,
새로 생긴 물건도 더 소중하게 여길 수 있답니다.

쓰레기통 요정

안녕달 글·그림, 책읽는곰, 2019

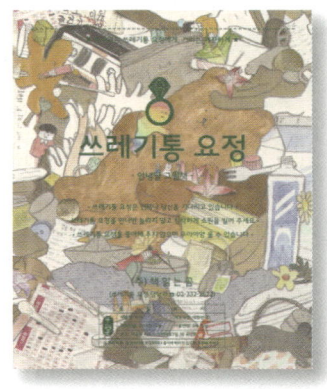

양장 형태인 이 책은 반투명한 트레이싱지로 쌓여 있습니다. 종량제 쓰레기봉투처럼 보이도록 책 제목, 작가 이름, 출판사 이름 등을 배치한 디자인에서 위트가 느껴집니다. 이 그림책은 콜라주 기법으로 만들어졌습니다. 더 이상 필요 없는 영수증이나 복권 종이 등을 모아 붙인 방식입니다. 쓰레기통으로 들어갈 뻔했던 것이 그림책이라는 작품으로 다시 태어났듯, 우리에게도 그런 물건들이 있을지 몰라요. 다른 사람에게 도착해서 새롭게, 귀하게 잘 쓰일 수 있는 물건들요. 『쓰레기통 요정』을 함께 읽고 종이놀이를 하며 쓸모없다고 느껴지는 우리 주위의 물건들을 재조명해 봅시다.

청소 시간, 아이들이 외칩니다. "이 연필 주인 누구야?" "이 지우개 누구 거야?" 한참을 불러도 주인은 나타나지 않습니다. 그러면 연필과 지우개는 분실물 바구니에 담깁니다. 바구니에 차곡차곡 쌓여 있는 물건이 꽤 많아요. 한 달이 지나도록 찾아가지 않는 줄넘기부터 당장 지금 써도 좋을 만큼 괜찮은 물건, 쓰레기통에 버려야 할 물건까지 한꺼번에 담겨 있어요.

'주인을 찾아주세요.'

바구니에 붙어 있는 문장을 보며 아이들은 어떤 마음이 들까요? 한참 동안 바구니 속에 있던 물건들은 다시 원래 자리로 가서 쓰이는 날을 기다리고 있을지 몰라요.

우리 교실의 분실물 바구니 속 물건처럼 쓰레기통 요정도 쓰레기통에 살면서 사람들을 기다리고 있어요. 더 이상 쓰일 데가 없을 것 같지만, 가장 아름다운 것을 선물하려고요.

쓰레기통 요정은 보석 반지를 얼굴에 끼고 있는데 그 모습이 마치 왕관처럼 보여요. 요정은 지나가는 사람들에게 "소원을 들어 드립니다." 하고 크게 외치지요. 그런데, 더러운 쓰레기통에 있어서 그럴까요? 지나가는 사람들은 그 소리를 듣고도 돌아보지 않아요. 오히려 마주치면 놀라 넘어지거나 소리를 지르기도 하지요.

그때 잊고 지냈던 곰 인형을 찾으러 한 아이가 다가와요. 엄마가 오래되고 더럽다고 버렸대요. 어려운 형편에도 배우자의 선물을 마련하려는 할아버지가 요정을 찾아오기도 합니다. 자, 이제 쓰레기통 요정이 마음을 가다듬고 대활약을 할 시간입니다. 쓰레기통 안에는 귀하고 쓸모 있는 물건이 많아 보입니다.

그림책에 나온 쓰레기통처럼 생긴 긴 통을 이용해 분실물 중 재사용할 수 있는 물건을 알려 주는 카드함을 만들면 어떨까요? 누군가에게는 쓸모를 다한 물건이 다른 누군가에게는 꼭 필요한 물건일 수 있다는 책의 메시지와 연관 지은 활동입니다.

먼저 쓰레기통과 비슷하게 생긴 통을 준비해 '나눔 통'이라고 이름 붙입니다. 통 안에 '나눔 카드'를 만들어 넣을 거예요. 간단한 팝업북 형식으로 쓰레기통 요정의 모습을 예쁘게 꾸민 다음 친구들과 나눌 물건을 적는 카드입니다. 카드 주고받기 놀이를 하며 재사용의 의미를 생각해 보세요.

같이 만들어요 : **팝업 카드 초대장**

- ■ 준비물: A4용지 반절 크기 종이, 색종이, 풀, 사인펜, 투명 테이프
- ■ 입체 카드 만드는 법

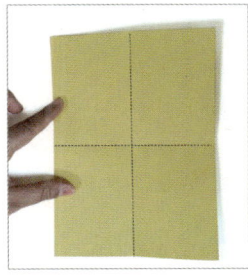

❶ 가로세로
　네모접기를 해요.

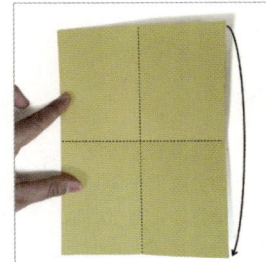

❷ 사진처럼 아래로
　반을 접어요.

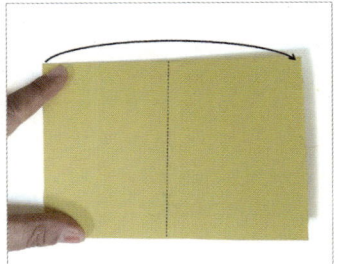

❸ 접기선을 따라 옆으로 다시
　반을 접어요.

❹ 접힌 선을 중심으로
　보석 모양을 그려요.

❺ 그린 모양대로 오려요.

❻ 위쪽까지
　모두 펼쳐요.

❼ 사진처럼 요정 모양의
　절반 부분을 그려요.

3장 _ 종이놀이가 자신 있어요!　**173**

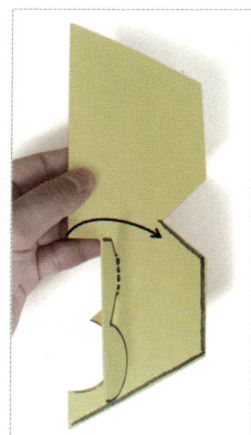

❽ 점선 부분은 자르지 않고, 나머지 부분은 선을 따라 오려요.

❾ 자르지 않은 선을 중심으로 접었다 펴면 쓰레기통 요정 모습이 되어요.

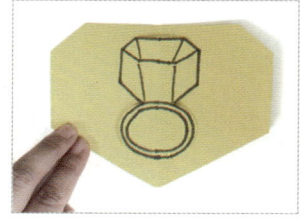

❿ 완전히 펼쳐서 요정 형태가 안쪽으로 오도록 해요.

⓫ 사진처럼 요정의 테두리를 그려요.

⓬ 테두리를 따라 예쁘게 색칠해요.

⓭ 내가 나눠 줄 물건을 그리고 적어 보아요. 친구에게 할 말도 적고 색연필로 꾸며요.

⓮ 나눔 카드 완성!

■ 카드 손잡이 만드는 법

❶ 색종이 한 장을 준비해요.

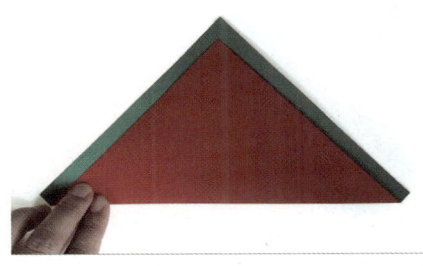

❷ 끝부분을 조금 남겨 두고, 세모로 접어요.

❸ 종이를 뒤집어 아래쪽부터 손톱 크기만큼 접어 올려요.

❹ 세모 끝쪽 부분까지 접어 올려요.

❺ 마지막 부분은 투명 테이프를 붙여 고정해요.

❻ 손잡이가 보이지 않게 안쪽에 붙여 주면 완성!

3장 _ 종이놀이가 자신 있어요! **175**

■ 쓰레기통 요정과 나눔 장터 놀이

준비물: 쓰레기통 요정 입체카드, 막대가 있는 카드를 넣을 긴 통
놀이하는 법

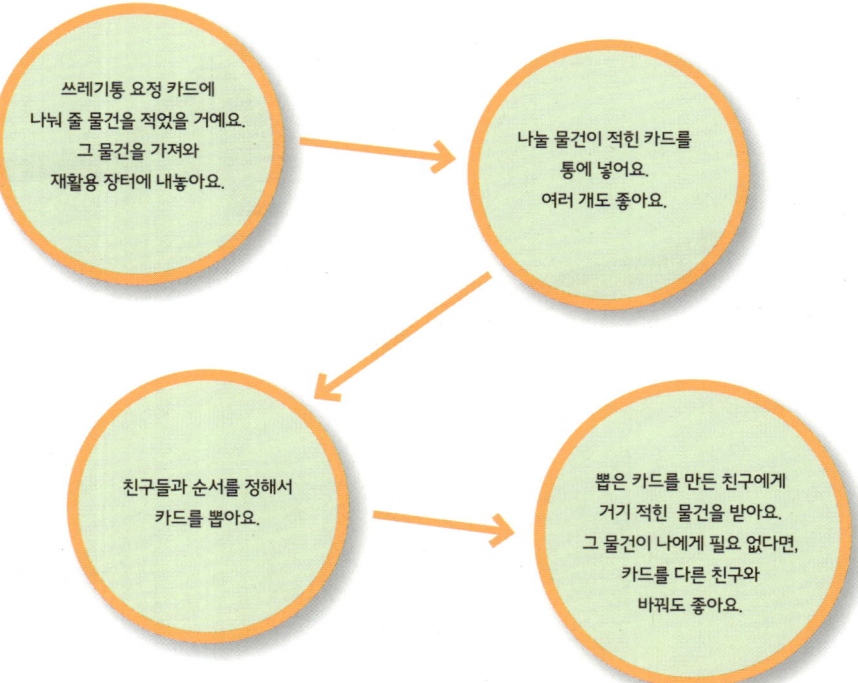

쓰레기통 요정 카드에 나눠 줄 물건을 적었을 거예요. 그 물건을 가져와 재활용 장터에 내놓아요.

나눌 물건이 적힌 카드를 통에 넣어요. 여러 개도 좋아요.

친구들과 순서를 정해서 카드를 뽑아요.

뽑은 카드를 만든 친구에게 거기 적힌 물건을 받아요. 그 물건이 나에게 필요 없다면, 카드를 다른 친구와 바꿔도 좋아요.

한 걸음 더

같이 읽어요

『달리는 나눔 가게』
미하엘 로어 글·그림, 임미숙 옮김, 북비, 2013

버려진 물건을 소재로 재사용, 재탄생에 관한 의미를 들려줍니다. 요셉 가족은 고양이 두 마리와 함께 자전거처럼 이동하는 집에 살고 있어요. 틈이 나면 동네를 돌면서 물건들을 주워 모아요. 그 물건들은 정성스러운 손길로 다시 태어나지요. 쓰레기통 요정처럼 나누고 싶은 마음, 그 기쁨을 알고 있는 가족이에요. 나눔 카드를 만들며 '자원 절약'에 관해 이야기하기 좋은 그림책입니다.

도란도란 이야기 시간

◎ 우리가 쓰레기통 요정처럼 누군가에게 기쁨을 선물하고 싶다면, 그 방법은 무엇이 있을까요? 아이들은 친구들이 잃어버린 물건을 찾아주는 것부터, 안 쓰는 물건 나누기, 카드에 도움받고 싶은 일 적고 친구와 공유해 서로 돕기 등을 생각해 냈어요. 우리도 거창하지 않은 작은 일을 통해 주위 사람들을 돕고 기쁨을 나눠 봐요.

◎ 새로운 물건을 계속해서 소비하는 것보다 가지고 있는 자원을 '아껴 쓰고, 나눠 쓰고, 바꿔 쓰고, 다시 쓰는' 일이 환경에 큰 도움이 되어요. 이 활동을 각 어절의 앞글자를 따서 '아나바다' 운동이라고 하는데요. 가족과 의논해서 아나바다 활동을 해 보세요. 안 쓰는 물건을 온라인 중고 거래 마켓에 올리거나 기증하는 방법도 있습니다.

나만의 팥빙수와
재미난 전설

왜 우리는 '이야기'라는 것을 좋아할까요? 잠자리에서 옛이야기를 들었던 기억 때문일까요? 저마다 이유는 다르겠지만 흡인력 있는 이야기는 '그다음'을 궁금하게 해요.
여름을 시원하게 해 주는 팥빙수에도 옛이야기처럼 얽힌 이야기가 있대요.
그림책이 그 재미난 이야기를 탄생시킨 것처럼, 우리도 예쁜 종이 작품을 만들고 나만의 전설을 만들어 보아요!

팥빙수의 전설
이지은 글·그림, 웅진주니어, 2019

한여름 즐겨 먹는 팥빙수에 재미있는 상상이 더해진 이야기입니다. 팥죽할멈과 호랑이, 해님달님 이야기가 떠오르기도 해요. 교훈이나 정보를 전달하는 '기능'에 초점을 맞추지 않더라도, 우리는 '읽고 상상하는 재미' 그 자체로 이야기를 즐길 수 있답니다.

여러분은 '전설'이라고 하면 어떤 이야기가 떠오르나요? 저승에서 빚을 갚은 원님 이야기인 덕진 다리의 전설, 금강산 바위가 되고 싶었던 설악산 울산바위 전설 등 장소나 사물에 관한 흥미로운 이야기가 많지요.

'팥빙수'와 '전설' 두 단어를 더한 제목도 호기심을 끕니다.

"표지를 한번 살펴보세요. 어떤 내용일 것 같나요?"

"할머니가 만든 팥빙수가 너무 맛있어서 호랑이가 안아 주는 것 같아요. 덩실덩실 춤추는 것 같기도 해요."

"무뚝뚝한 할머니를 웃기기 위해서 호랑이가 팥빙수를 만들어 잔치하는 것 같아요."

"팥빙수 마을에 호랑이가 찾아온 내용일 것 같아요."

아이들 말을 듣고 보니 표지의 팥빙수 그릇 안에 담긴 재료들이 산과 나무처럼 표현되어 있어 하나의 마을 같아 보이기도 합니다. 할머니를 안아 올린 호랑이의 표정이 밝아 행복해 보이기도 하고요. 하지만 호랑이와 할머니는 아이들 예상과 전혀 다른 관계였습니다.

깊은 산속, 농사를 지으며 사는 할머니가 있었습니다. 할머니는 밭에서 잘 익은 과일도 따고 팥을 걷어 달콤한 단팥죽을 만들었지요. 그러고는 과일과 단팥죽을 시장에 내다 팔기 위해 길을 나섭니다. 그런데 더운 여름, 갑자기 눈이 내리기 시작했어요. 뜨거운 날 눈이 내리면 산속 눈 호랑이를 만난다더니 정말 눈 호랑이가 나타났지 뭐예요. 호랑이는 맛있는 걸 주면 잡아먹지 않겠다며 할머니를 계속 따라다닙니다. 할머니는 가지고 있던 과일을 모두 내어주고 시간을 끌기 위해 꾀도 부립니다. 그것도 잠시, 호랑이는 또다시 할머니를 찾아내고, 마지막 남은 뜨끈한 단팥죽을 뺏기지 않으려 할머니와 호랑이는 옥신각신합니다. 호랑이와 할머니의 실랑이 끝에 짜잔! 팥빙수가 만들어졌습니다. 팥빙수와 함께 '팥빙수 탄생 설화'도 만들어진 것 같죠? 우리는 종이로 팥빙수를 만들어 봅니다. 색종이로 접은 가지각색 토핑이 종이 팥빙수를 더 먹음직스럽게 보이도록 해 줘요. 아이들은 알록달록한 작품을 보며 상상력을 자극하기도 합니다. 종이 팥빙수에 나만의 전설도 입혀 보았지요. 우리도 내 안에 있는 미술가와 작가를 함께 불러와 보자고요!

같이 만들어요 ❶ : 새콤달콤 딸기 토핑

- 준비물: 색종이(빨강, 초록 각 한 장씩), 가위, 풀
- 만드는 법

❶ 빨강 색종이와 작은 초록색 종이를 준비해요.

❷ 빨간 색종이를 뒤집어 놓아요.

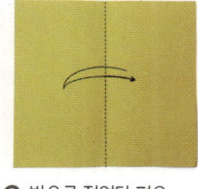

❸ 반으로 접었다 펴요.

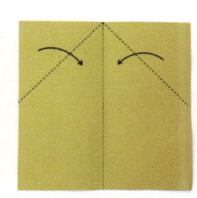

❹ 가운데 선에 맞추어 위쪽을 접어 줘요.

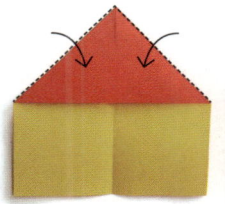

❺ 아래쪽을 접어 올려요.

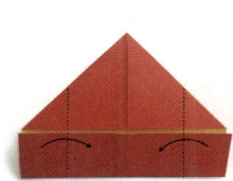

❻ 딸기가 될 크기만큼 적당히 양옆을 접어요.

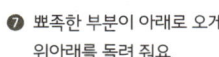

❼ 뾰족한 부분이 아래로 오게 위아래를 돌려 줘요.

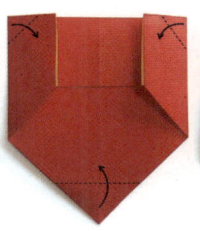

❽ 딸기 모양이 되도록 뾰족한 부분을 사진처럼 접어요.

❾ 뒤집어요.

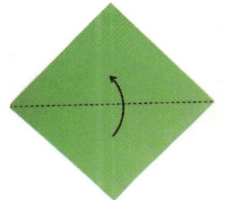

❿ 초록 색종이를 세모 모양으로 반 접어요.

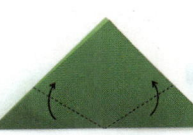

⓫ 사진처럼 양 옆으로 뾰족한 부분이 튀어나오게 접어 올려요.

⓬ 빨간 색종이 위에 초록 꼭지를 붙이고 딸기씨를 그려요.

같이 만들어요 ❷ : 바삭바삭 막대 과자 토핑

- 준비물: 색종이(갈색 살구색 양면), 가위, 양면 테이프 또는 투명 테이프
- 만드는 법

❶ 색종이 한 장을 네 조각으로 나눠요.
❷ 그중 한 조각을 아래쪽을 사진처럼 적당히 접어 올려요.
❸ 뒤집어요.
❹ 반으로 접었다 펴요.
❺ 가운데 선에 맞추어 양쪽을 접어요.
❻ 가운데를 테이프로 붙여요.
❼ 사진 방향대로 살살 눌러 입체로 만들어 주면 완성!

같이 만들어요 ❸ : 시원한 수박 토핑

- 준비물: 색종이(빨강 초록 양면)
- 만드는 법

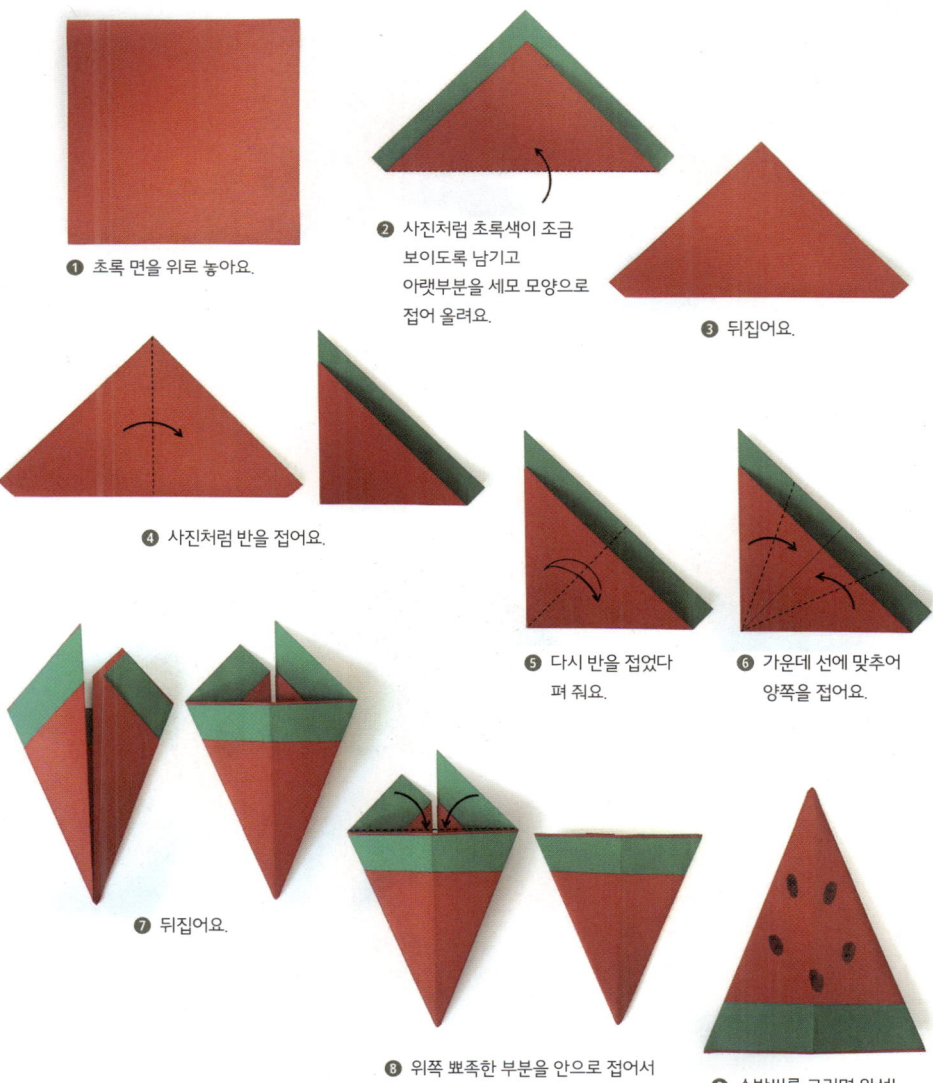

❶ 초록 면을 위로 놓아요.
❷ 사진처럼 초록색이 조금 보이도록 남기고 아랫부분을 세모 모양으로 접어 올려요.
❸ 뒤집어요.
❹ 사진처럼 반을 접어요.
❺ 다시 반을 접었다 펴 줘요.
❻ 가운데 선에 맞추어 양쪽을 접어요.
❼ 뒤집어요.
❽ 위쪽 뾰족한 부분을 안으로 접어서 숨긴 후 뒤집어요.
❾ 수박씨를 그리면 완성!

같이 만들어요 ❹ : **토핑이 올라갈 빙수**

- ■ 준비물: 색종이로 만든 과일과 막대 과자, 빙수컵(플라스틱 샐러드볼), 휴지 두 장, 색한지(색종이 크기)
- ■ 만드는 법

❶ 휴지 두 장과 색한지를 동그랗게 구겨요.

❷ 준비한 빙수 컵에 구긴 휴지를 먼저 담아요.

❸ 색한지를 그 위에 담아 올려요.

❹ 종이로 접은 과일과 막대 과자로 꾸며 줘요.

같이 만들어요 ⑤ : 나만의 팥빙수 전설

초코 빙수, 딸기 빙수, 망고 빙수…… 그 속에 담긴 이야기를 진지하게 상상해 보아요. 1학년 아이들이 만든 빙수의 전설을 몇 가지 소개합니다.

◎ **얼음 빙수의 전설**
아주아주 추운 날이었어. 근데 남쪽에 있는 빙산이 우리나라로 떠내려온 거야. 근데 눈이 내리면서 그 빙산에 눈이 쌓인 거야. 시간이 지나자 눈이 빙산을 완전히 덮었어. 그러면서 얼음 빙수를 어떻게 만들까 고민하던 할머니 집으로 눈과 빙산이 같이 떠내려왔지. 할머니가 빙산을 떠 빙수를 만들어 얼음 빙수가 되었어.

◎ **초코 빙수의 전설**
개미가 많은 날이 있었어. 그때 마침 한 소년이 산책하러 나갔는데 개미 떼가 오지 뭐야. 소년은 깜짝 놀라서 개미를 밟아 버렸어. 근데 갑자기 산신령이 나타나서 개미도 생명이래. 소년은 하던 일을 멈췄어. 산신령은 웃으면서 말했어. 이미 밟아 버려 어쩔 수 없으니 들고 가서 맛있는 걸로 다시 태어나게 하거라. 소년은 들고 가서 맛있는 개미 초코 빙수를 해 먹었어.

◎ **딸기 빙수의 전설**
어느 날 점이 많은 친구는 차가운 빙수가 먹고 싶었어. 그런데 방귀가 뽀옹~ 나오는 거야. 친구들이 방귀 소리를 들었을까 봐 부끄러웠지. 부끄럽고 부끄러우니까 얼굴이 점점 빨개졌어. 그래서 딸기 빙수가 되었다지 뭐야.

도란도란 이야기 시간

◎ 그림책을 읽을 때, 결말을 보여 주지 않고 아이들이 미리 상상할 수 있도록 안내해 주세요. 할머니와 호랑이의 실랑이가 어떻게 마무리되는지, 제목 '팥빙수의 전설'은 결국 어떤 이야기인지 먼저 생각해 보는 활동이에요.
◎ 종이놀이로 만든 빙수가 실제 메뉴로 나온다면, 함께 먹고 싶은 사람은 누구인가요? 그 빙수를 대접하고 싶은 사람도 한번 떠올려 보세요.

동물들과 함께 찍는 나만의 사진관

여러분은 사진관에 가서 특별한 사진을 찍은 적 있나요?
밝은 조명, 커다란 반사판, 무거워 보이는 사진기가 있고
숙련된 솜씨로 사진을 찍는 사진사도 있어요.
이 모습을 작은 숲속에 재현해 보아요.
어떤 동물 친구들이 사진을 찍으러 찾아올까요?
찰칵 소리가 나는 종이 카메라로 사진을 찍고
동물 친구들이 숲속 사진관을 찾아온 이유도
상상해 봐요.

숲속 사진관
이시원 글·그림, 고래뱃속, 2015

필름 테두리, 사진사 시점에서 바라보는 카메라 액정 화면 등 사진과 관련된 이미지를 활용해 시각적으로도 재미난 볼거리를 선사하는 그림책입니다.

이 그림책을 읽고 가족의 형태에 관한 이야기도 나눠 보세요. '숲속사진관'에 가족사진을 찍으러 온 동물들은 무척 다양합니다. 부모와 자녀로 구성된 가정도 있고, 어른 하나, 아이 하나로 구성된 캥거루 가족, 다른 생물종인 악어와 악어새 가족, 부부로만 이루어진 뱀 가족 등이 저마다 개성 있는 포즈로 사진을 찍어요. 보기만 해도 웃음이 절로 나는 사진을 보면 형태는 달라도 세상 모든 가족은 저마다의 방식으로 행복할 수 있다는 사실을 깨닫게 되어요.

오래된 앨범 속 사진을 살펴보면 언제나 따뜻한 기분을 느끼게 됩니다. 풋풋했던 젊음이 보이고, 즐거웠던 추억이 묻어나며 아련했던 기억이 샘솟습니다. 참 이상한 건 그때도 분명 힘들었던 일이 있었을 텐데 사진 속에서는 언제나 행복해 보인다는 것입니다. 사진기는 우리가 잊어버리기 쉬운 행복의 찰나를 기록하는 마법 상자일지도 모릅니다. 그 이야기를 소재로 한 뭉클한 그림책 『숲속 사진관』을 꺼냈습니다.

　숲속 마을에 새로운 사진관이 생겼습니다. 부엉이 사진사와 곰 조수는 '가족사진 전문'이라는 팻말을 나무에 매달고 사진 찍을 준비를 합니다. 첫 번째 손님은 우렁찬 소리를 내며 포즈를 잡는 사자 가족입니다. 그 뒤로 고릴라 가족이 재미있는 자세로 멋진 사진을 찍고, 유연한 몸으로 하트 모양을 만든 뱀 가족도 사진을 찍습니다. 해가 뉘엿뉘엿 질 때까지 동물들의 가족사진 촬영은 이어집니다. 저녁 즈음, 촬영을 마무리하던 판다가 쭈뼛대며 말합니다.

"나도 가족사진 갖고 싶어요."

하지만 판다는 혼자입니다. 결국 카메라 앞에 홀로 서지요. 부엉이 사진사가 셔터를 누르려고 하자 다른 동물 친구들이 "잠깐!"이라고 외칩니다. 그리고 판다 곁으로 모여듭니다. 모두 함께 가족사진을 찍습니다. 그런데 이상한 점이 있습니다. 다른 동물들 눈 주변이 거뭇거뭇, 판다를 닮아 있지 않겠어요? 아이들은 이 장면을 보자 다시 앞으로 돌아가라고 합니다. '잠깐'을 외친 동물 친구들이 등을 돌리는 장면이 있거든요. 동물들이 뭘 하고 있을까 상상해 보니 마음이 따뜻해졌습니다.

종이놀이를 하며 카메라와 반사판을 만들어 숲속사진관 풍경을 재현해 봅니다. 동봉된 숲 배경지(194쪽)를 활용해서 그 앞에 사진관 풍경을 재현해 보세요. 부엉이 사진사처럼 찰칵! 종이카메라 양쪽을 당겨 숲속사진관에서 사진 찍는 모습을 남겨 보는 것도 또 하나의 추억이 될 수 있답니다.

같이 만들어요 ❶ : 찰칵찰칵 종이 카메라

- 준비물: 색종이
- 만드는 법

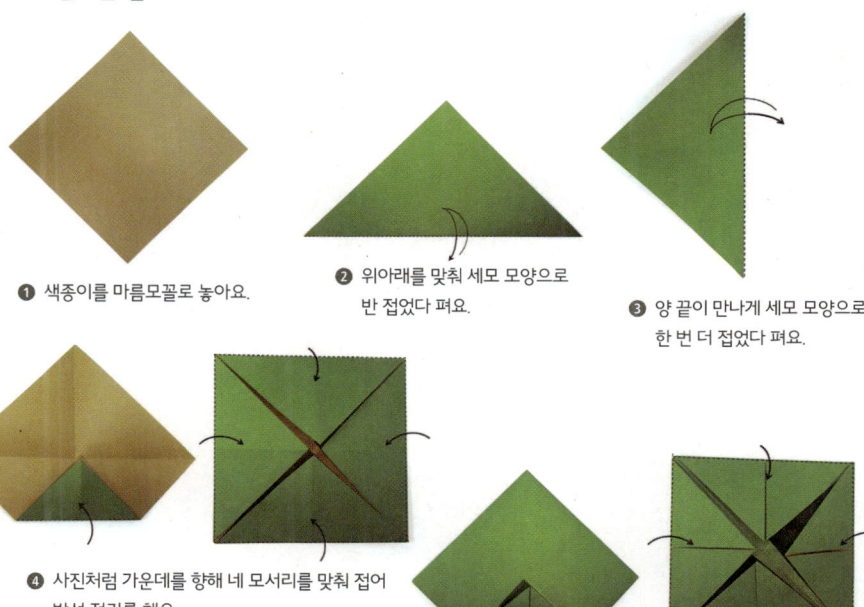

❶ 색종이를 마름모꼴로 놓아요.

❷ 위아래를 맞춰 세모 모양으로 반 접었다 펴요.

❸ 양 끝이 만나게 세모 모양으로 한 번 더 접었다 펴요.

❹ 사진처럼 가운데를 향해 네 모서리를 맞춰 접어 방석 접기를 해요.

❺ 뒤집어서 같은 방법으로 접어요.

❻ 한 번 더 뒤집어서 같은 방법으로 접어요.

❼ 다시 뒤집어요.

❽ 화살표 쪽을 벌려서 꾹 눌러 접어요.

❾ 같은 방법으로 반대쪽도 접어요.

❿ 점선을 따라 반으로 접어요.

⓫ 접힌 모양이에요.

⓬ 한가운데를 살짝 벌려 안쪽의 뾰족한 부분을 손가락으로 당기고 아래쪽으로 뒤집어요. 뒤집을 때, 나머지 접힌 부분들이 자연스레 펴지도록 두면 ⓭처럼 저절로 모양이 잡혀요.

⑬ 뾰족하게 한쪽이 내려온 모양이에요.

⑭ 반대쪽도 같은 방법으로 뒤집어 뾰족한 부분을 만들어요.

⑮ 화살표 부분을 벌려 아래쪽 뾰족한 부분이 위로 오도록 하고 그 부분을 사진처럼 양손으로 잡은 후 겹쳐 줘요.

⑯ 서로 겹쳐서 끝에 튀어 나온 부분을 살짝 접어 줘요.

⑰ 종이 카메라 완성!

■ 종이 카메라로 사진 찍는 방법

종이 카메라를 양손에 쥐고 화살표 쪽을 엄지 손가락으로 꾹 눌러 뒤쪽으로 뒤집어 줘요.
그러면 앞에 접혀 있던 부분이 풀리고 딸각 소리가 나요. 마치 카메라 셔터 소리처럼요!

3장 _ 종이놀이가 자신 있어요! **191**

같이 만들어요 ❷ : 사진을 빛내 주는 반사판

- 준비물: 양면 색종이(회색과 검은색), 공예 철사, 니퍼
- 만드는 법

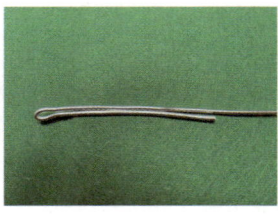 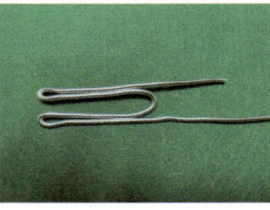 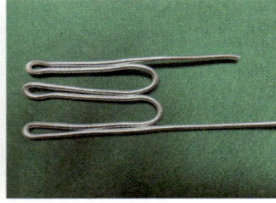

❶ 공예철사는 자르지 않고 한쪽 끝에서부터 사진처럼 세 갈래로 구부려 다리를 만듭니다.

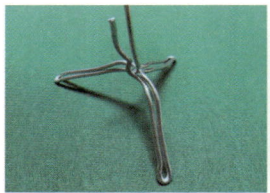 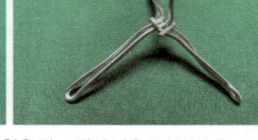 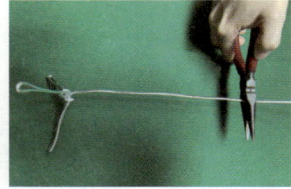

❷ 구부린 부분을 세 갈래로 세워 균형을 잡고 짧게 남은 끝부분으로 만나는 부분을 휘어 감아 고정합니다.

❸ 길게 남은 철사 부분을 기둥이 될 만큼 알맞은 길이로 자릅니다.

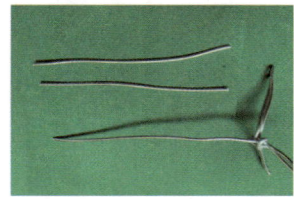

❹ 기둥 길이 만큼의 철사 두 개를 더 잘라 준비합니다.

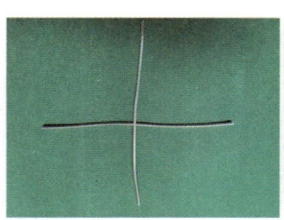 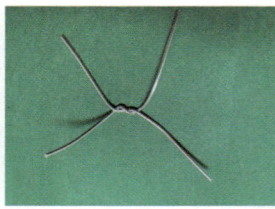 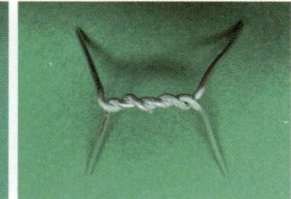

❺ ❹에서 자른 철사를 +모양으로 겹쳐 놓고 서로 꼬아 단단하게 이어 준 후 각 끝의 길이를 맞춰 잘라 반사판이 붙을 뼈대를 완성합니다.

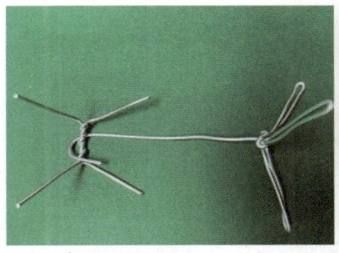 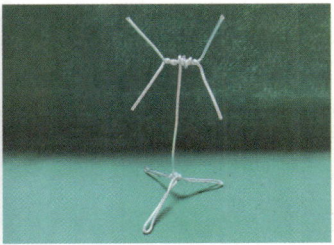

❻ 기둥 부분과 조명 뼈대를 겹쳐 놓고 기둥 부분의 철사 끝을 사진과 같이 구부려 조명 뼈대에 휘어 감아 단단히 고정합니다.

 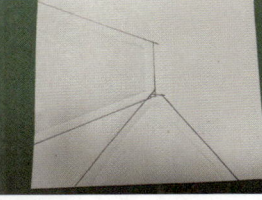 

❼ 조명 뼈대를 색종이에 대어 철사의 바깥쪽을 따라 본을 뜹니다. 색종이 조각의 가장자리로 철사를 감아서 붙여야 하므로 그려진 도안보다 5~7mm 정도 바깥으로 여유를 둔 후 자를 선을 그려 줍니다. 밑면과 윗면, 양옆, 총 네 개의 조각을 잘라줍니다.

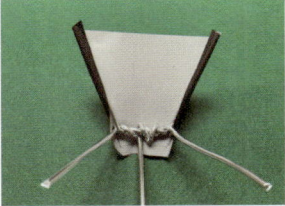 

❽ 사진과 같이 각 면에 색종이를 감아 붙여 줍니다.
아랫면은 길이를 재어 보며 잘라 붙입니다.

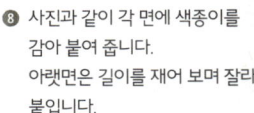

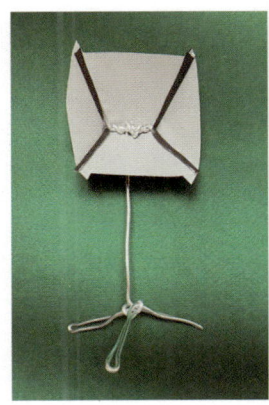 

❽ 완성된 반사판의 앞모습과 옆모습.

● 숲속사진관 배경지

한 걸음 더

같이 해 봐요

찰흙으로 동물 만들고 사진 찍기

그림책에는 다양한 동물들이 등장합니다. 아이들도 색깔 찰흙을 이용해 동물들을 만들어 보았습니다. 공작새는 결혼기념일이라 신혼여행을 또 간다고 하고, 기린 아빠는 생일이라 새 차를 갖게 되었다고 합니다. 토끼는 이사를 하게 됐다고 하고 개미는 글자를 배워 자기 이름을 쓰게 되었다고 해요. 병아리는 막 알에서 깬 날을 기념하러 왔습니다. 우리도 작은 일을 소중히 간직할 수 있는 기념일을 많이 만들 수 있다면 좋겠지요?

자동차를 타는 기린과 그 뒤를 뒤따르는 기린.   알에서 깨어난 병아리.

도란도란 이야기 시간

◎ 혹시 부엉이 사진사가 우리를 찾아온다면 여러분은 어떤 순간을 기념해서 사진으로 남기고 싶나요? 사진으로 남기고 싶은 행복한 순간은 언제인지 이야기 나누어요.

물고기를 구출하라!

아이들은 낚시놀이를 참 좋아합니다. 시중에 판매되는 장난감도 다양해요.
어장에서 빙글빙글 돌아다니는 물고기를 낚는 장난감도 있고,
상어 입속에 있는 물고기를 낚아 올리며 입이 다물어지는 사람이 술래가 되는
'복불복' 장난감도 있어요.
이번에 종이로 직접 만들 낚시놀잇감은 살아 있는 물고기처럼
등을 움직여 헤엄치는 물고기입니다.
움직이는 물고기를 종이로 어떻게 만들지, 함께 알아볼까요?

감기 걸린 물고기

박정섭 글·그림, 사계절, 2016

누군가 내뱉은 무책임한 한마디 말 때문에 바다 세상이 어지러워집니다.
바닷속을 우리가 살아가는 사회에 대입해 보면 여러모로 생각할 거리가 많은 이야기예요. 우리는 어떤 정보를 만났을 때, 그저 받아들이는 입장인가요? 아니면 정보가 맞는지 확인하기 위해 신뢰할 만한 자료를 찾는 쪽인가요? 스스로 확인하는 과정이 귀찮아서, 마냥 어려워 보여서 다른 사람의 평가와 판단에 기대려고 하지는 않았나요? 다양한 생각을 나누다 보면 '말 한 마디'의 중요성과 파급력에 관해서도 자연스럽게 깨닫게 됩니다.

그림책 『감기 걸린 물고기』는 다양한 상황에 대입할 수 있는 상징적인 이야기이지만 교실에서 아이들과 함께 읽을 때에는 자연스럽게 '관계'에 초점을 맞추게 됩니다.

아귀는 배가 고프지만, 무리 지어 다니는 물고기를 잡아먹긴 어려워요. 빨강 물고기, 파랑 물고기, 노랑 물고기, 검정 물고기, 회색 물고기 들은 아귀보다 몸집이 작지만 힘을 합쳐 똘똘 뭉쳐 있으니 아귀가 이길 수 없지요. 그래서 아귀는 꾀를 써요. 그럴듯한 말로 빨간 물고기가 감기에 걸렸다고 꾸며 낸 거예요. 아귀의 말에 물고기들은 서로를 의심하고 다투기 시작해요. 어떤 물고기는 의심하고, 어떤 물고기는 감기에 옮을까 봐 걱정부터 해요. 아귀의 말을 믿지 않는 물고기도 더러 있지만 결국 빨간 물고기들은 무리에서 나오게 되지요. 아귀는 손쉽게 빨간 물고기를 잡아먹어요. 아귀는 또 한 번, 노란 물고기가 감기에 걸렸다는 거짓 소문을 퍼뜨리고 물고기들은 다시 갈라져 싸우게 됩니다. 교실에서도 비슷한 상황이 종종 생기기 마련입니다. 아귀처럼 나쁜 의도로 거짓말을 하는 아이들은 드물지만, 말 한마디에 감정의 동요가 일어나는 경우는 심심치 않게 볼 수 있지요. 아이들에게 부정적인 영향을 주는 말을 먼저 들어 보았습니다. 외모, 성적으로 비하하는 말을 들을 때, 같이 놀고 싶은데 대놓고 배척할 때 등 다양한 이야기가 나옵니다. 듣기만 해도 힘이 나는 긍정적인 말도 함께 이야기합니다. '고마워' '멋지다' '네 덕분이야' 등, 우리는 이 쉽고 간단한 말에 그동안 너무 인색했던 건 아니었을까요?

　이 말들을 사용해 종이놀이를 해 보기로 합니다. 그림책에서 중요한 무대가 되는 '바다'에서 착안해 '나쁜 말 바다'와 '행복한 말 바다'를 나눠요. 나쁜 말 바다에 색색의 물고기들을 넣고 낚시를 하며 행복한 말 바다로 물고기를 옮기는 거예요. 놀이가 시작되자 교실은 활기가 가득합니다. 자기가 접은 물고기를 먼저 구해 달라 하기도 하고 낚싯대 조절이 서툰 친구에게 줄 길이 조절법을 알려 주기도 합니다. 한바탕 시끌벅적하게 노는 시간은 사이가 데면데면했던 친구와 나 사이에 있던 어색함을 깨 줍니다. 오늘 하루만큼은 서로에게 상처 주는 말을 하지 않기로 다짐합니다. 친구와 사이좋게 지내는 방법, 공동체에서 행복하게 살아가는 방법은 멀리 있지 않아요. 지금 당장, 내 옆의 친구에게 따뜻한 말 한마디를 건네 보세요.

같이 만들어요 ❶ : 행복한 말 바다 물고기

■ 준비물: 색종이, 자, 연필, 가위, 풀, 눈 스티커(그려도 됨)
  * 작은 사이즈의 물고기를 만들고 싶다면, 색종이를 4분의 1등분 해 주세요.

■ 만드는 법

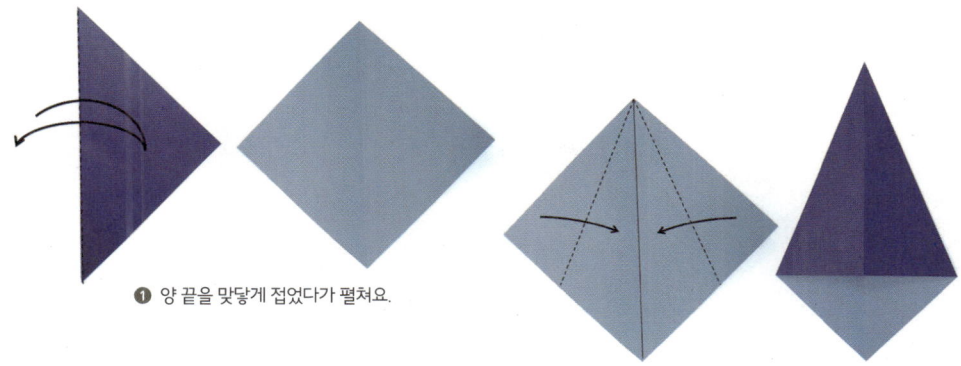

❶ 양 끝을 맞닿게 접었다가 펼쳐요.

❷ 한가운데 접기선에 맞춰 양 끝을 모아 접어요.

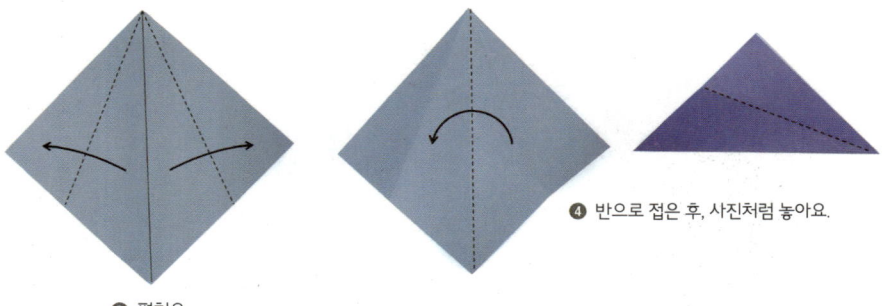

❸ 펼쳐요.

❹ 반으로 접은 후, 사진처럼 놓아요.

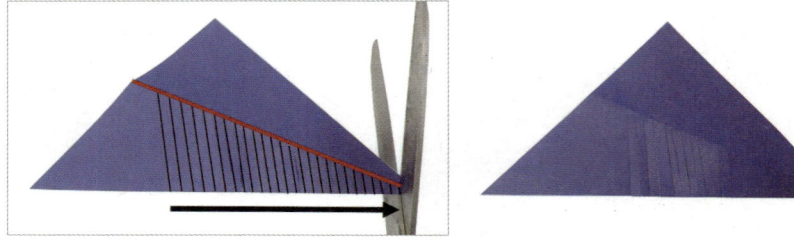

❺ 사진처럼 빨간접기선까지 잘라요. 화살표 방향으로 넓은 부분부터 잘라 나가면 돼요.

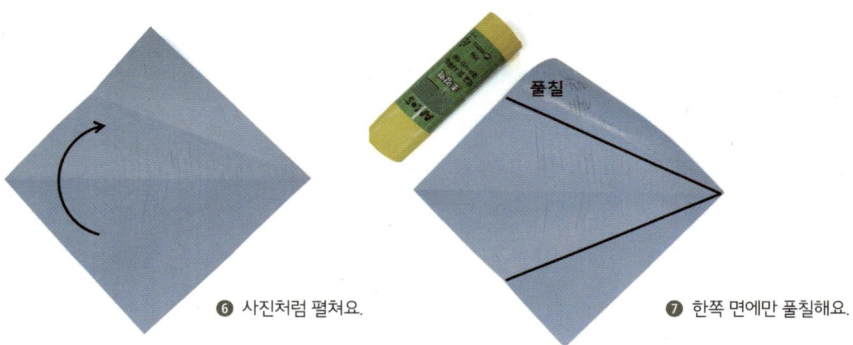

❻ 사진처럼 펼쳐요.

❼ 한쪽 면에만 풀칠해요.

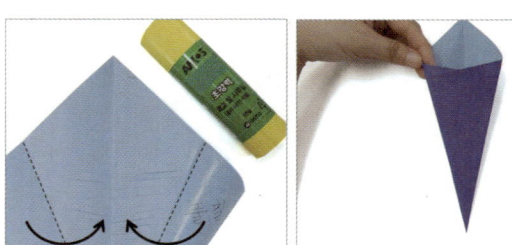

❽ 풀칠한 면과 다른 쪽 대칭 면을 겹쳐서 붙여요.

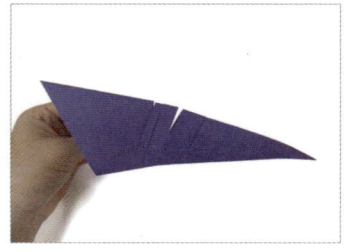

❾ 위에서 보면 이런 모양이에요.

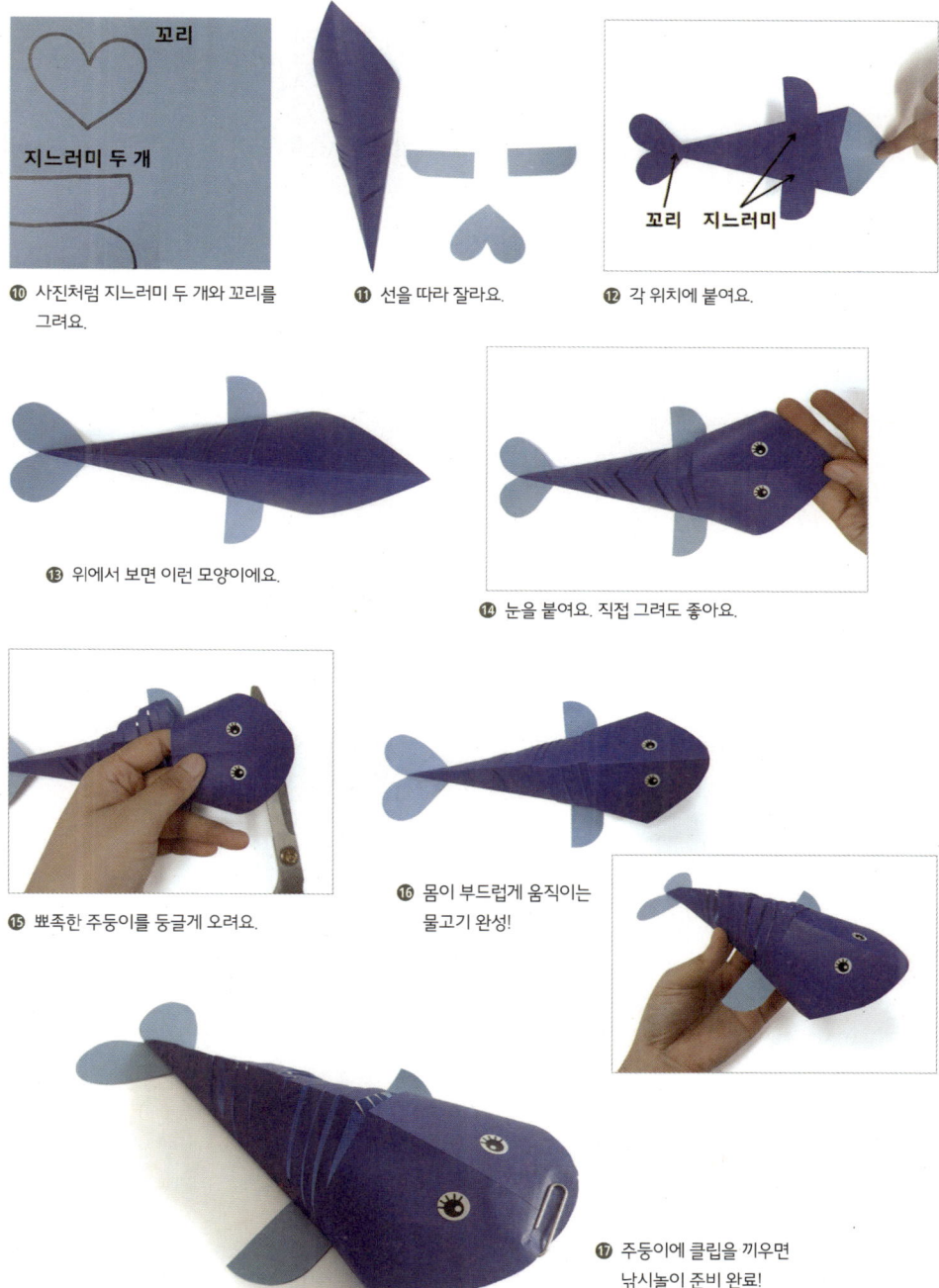

⑩ 사진처럼 지느러미 두 개와 꼬리를 그려요.

⑪ 선을 따라 잘라요.

⑫ 각 위치에 붙여요.

⑬ 위에서 보면 이런 모양이에요.

⑭ 눈을 붙여요. 직접 그려도 좋아요.

⑮ 뾰족한 주둥이를 둥글게 오려요.

⑯ 몸이 부드럽게 움직이는 물고기 완성!

⑰ 주둥이에 클립을 끼우면 낚시놀이 준비 완료!

같이 만들어요 ❷ : 낚싯대

- 준비물: 꼬치(나무젓가락이나 비슷한 크기의 막대), 끈(종류 무관), 자석, 가위, 투명 테이프

- 만드는 법

❶ 꼬치(막대기)에 끈을 묶어요.

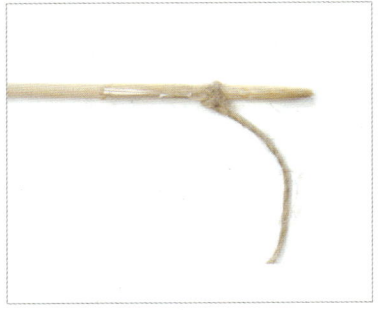

❷ 묶고 남은 부분을 투명 테이프로 꼬치와 붙여줘요.

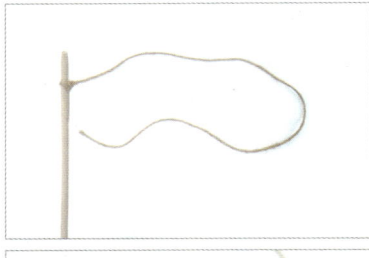

❸ 끈을 약 20cm 길이로 자른 후, 끝에 자석을 묶어요.

❹ 꼬치로 실을 돌돌 말아 올리거나 풀어서 줄 길이를 조절할 수 있어요.

같이 만들어요 ❸ : 바다 상자

- 준비물: 4절 색지(큰 종이), 투명 테이프
  * 상자를 만드는 대신 기존 상자를 활용해서 꾸며도 좋아요.
- 만드는 법

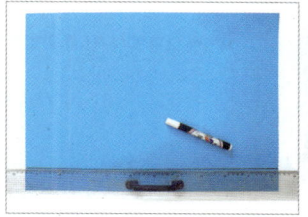

❶ 4절 색지 테두리에 안쪽으로 선을 그어요. (5cm정도씩 남기면 적당해요.)

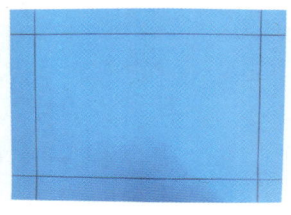

❷ 가로세로 다 그으면 이런 모양이에요.

❸ 귀퉁이의 네모 네 개에 각각 대각선을 그어요.

❹ 다 그리면 이렇게 돼요.

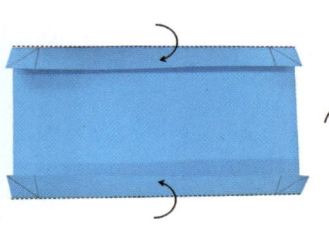

❺ 가로로 접어요.

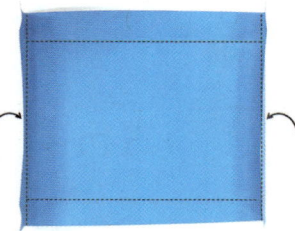

❻ 세로로 접어요.

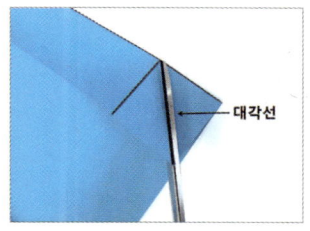

❼ 네모 안의 대각선을 잘라요.

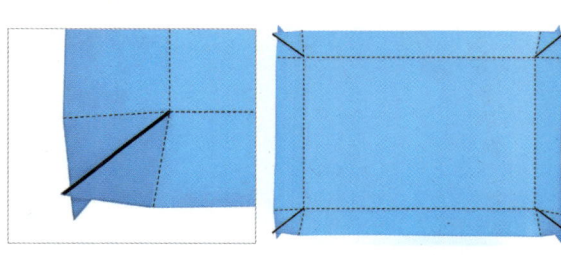

❽ 다 자르면 이런 모양이에요.

3장 _ 종이놀이가 자신 있어요! **203**

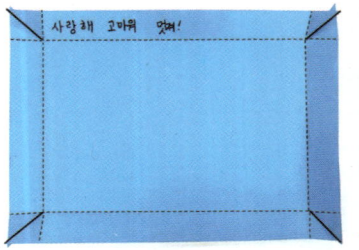 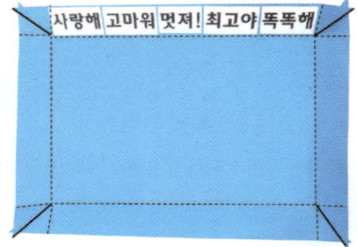

⑨ 사진처럼 옆면이 될 부분에 좋은(나쁜)말을 써요. 글자를 인쇄해서 붙여도 좋아요.

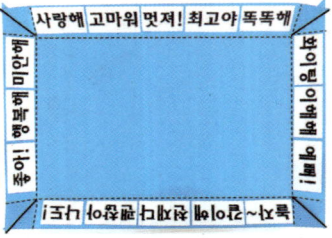 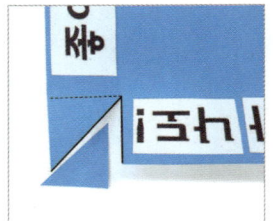 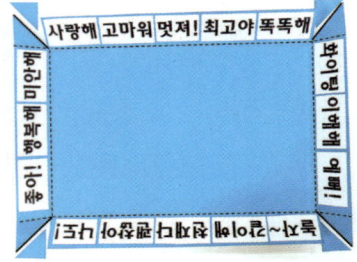

⑩ 다 쓴(붙인) 모습이에요.

⑪ 귀퉁이를 대각선대로 잘라 세모 부분을 하나만 남기고, 나머지는 빼놓아요.

⑫ 다 자르면 이렇게 돼요.

 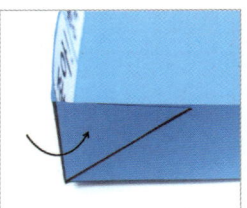 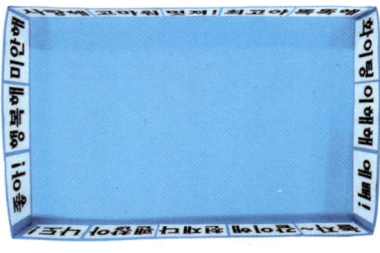

⑬ 남은 삼각형에 풀칠해요.

⑭ 접은 옆면을 세워서 붙여요.

⑮ 다 붙이면 상자가 만들어져요.

⑯ 상자를 바닷속 동물로 꾸미면 더욱 멋지겠죠?

한 걸음 더

같이 해 봐요

아귀가 입을 벌리면?

A4용지를 세로로 두 번 접고 다시 세로로 길게 펼친 다음 그림책에 나온 아귀를 그려 색칠해요. 아래 사진처럼 입을 기다랗고 크게 그리면 앞의 접기선을 따라 접었을 때 입을 다문 모습, 펼쳤을 때 입을 벌린 모습이 되어요. 아귀의 입안에 색색의 작은 물고기를 접어 붙여 보아요. 그림책 장면처럼 작은 물고기들 옆에 글씨도 써넣어 보세요. '좋아, 멋져, 최고야, 믿어, 사랑해' 등 힘이 나는 말을 한 마디씩 하면 좋겠지요. A4용지를 접었다 폈다 하면 아귀가 입을 다물었다 폈다 해요. 아귀 입속 물고기 접는 법은 206쪽에 안내되어 있어요.

도란도란 이야기 시간

- ◎ 『감기 걸린 물고기』 속 색색의 물고기가 되었다고 생각해 보세요. 아귀가 소문을 퍼뜨렸을 때, 물고기인 '나'는 어떻게 했을까요? 『감기 걸린 물고기』는 아이들과 미디어 리터러시 교육을 하기에 좋은 그림책입니다. 생활 속에서 악의적인, 사실이 아닌 이야기를 들었을 때 어떻게 대처할 수 있을지 이야기해 보세요. 시시때때로 들려오는 뉴스를 비판적으로 바라보는 힘은 어떻게 기를 수 있는지도 이야기 나눠요.
- ◎ '행복한 말 바다' 놀이를 가족과 함께 해 볼까요? 가족에게 들었던 말 중 우리를 힘들게 하는 말, 행복하게 하는 말에는 뭐가 있을까요? 속상한 마음, 기뻤던 마음을 솔직하게 이야기해 봐요.

아귀 입속 작은 물고기들 접는 방법

- 준비물: 색종이, 투명 테이프, 네임펜
- 만드는 법

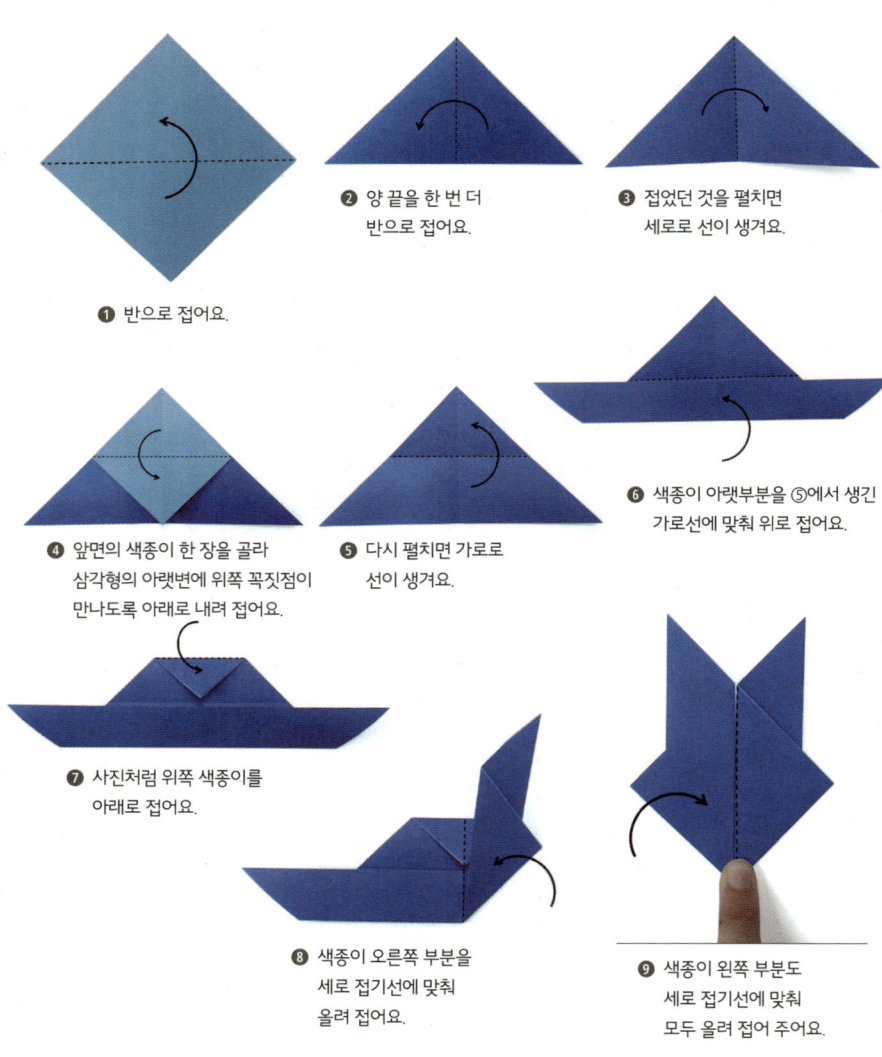

❶ 반으로 접어요.

❷ 양 끝을 한 번 더 반으로 접어요.

❸ 접었던 것을 펼치면 세로로 선이 생겨요.

❹ 앞면의 색종이 한 장을 골라 삼각형의 아랫변에 위쪽 꼭짓점이 만나도록 아래로 내려 접어요.

❺ 다시 펼치면 가로로 선이 생겨요.

❻ 색종이 아랫부분을 ⑤에서 생긴 가로선에 맞춰 위로 접어요.

❼ 사진처럼 위쪽 색종이를 아래로 접어요.

❽ 색종이 오른쪽 부분을 세로 접기선에 맞춰 올려 접어요.

❾ 색종이 왼쪽 부분도 세로 접기선에 맞춰 모두 올려 접어 주어요.

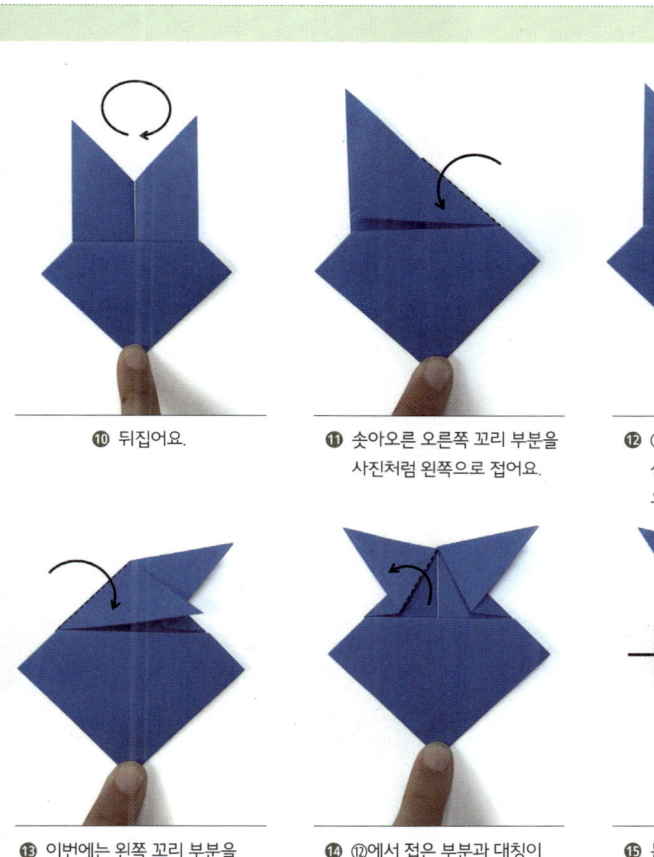

⑩ 뒤집어요.

⑪ 솟아오른 오른쪽 꼬리 부분을 사진처럼 왼쪽으로 접어요.

⑫ ⑪에서 접은 부분을 위쪽 삼각형의 맨 위 꼭짓점에 맞춰 오른쪽 바깥으로 접어요.

⑬ 이번에는 왼쪽 꼬리 부분을 사진처럼 오른쪽으로 접어요. (⑪번과 같아요.)

⑭ ⑫에서 접은 부분과 대칭이 되도록 왼쪽 바깥으로 접어요. (⑫번과 같아요.)

⑮ 몸통 부분을 사진처럼 접어요. (크기를 맞춰 대칭을 이루도록 하면 좋아요.)

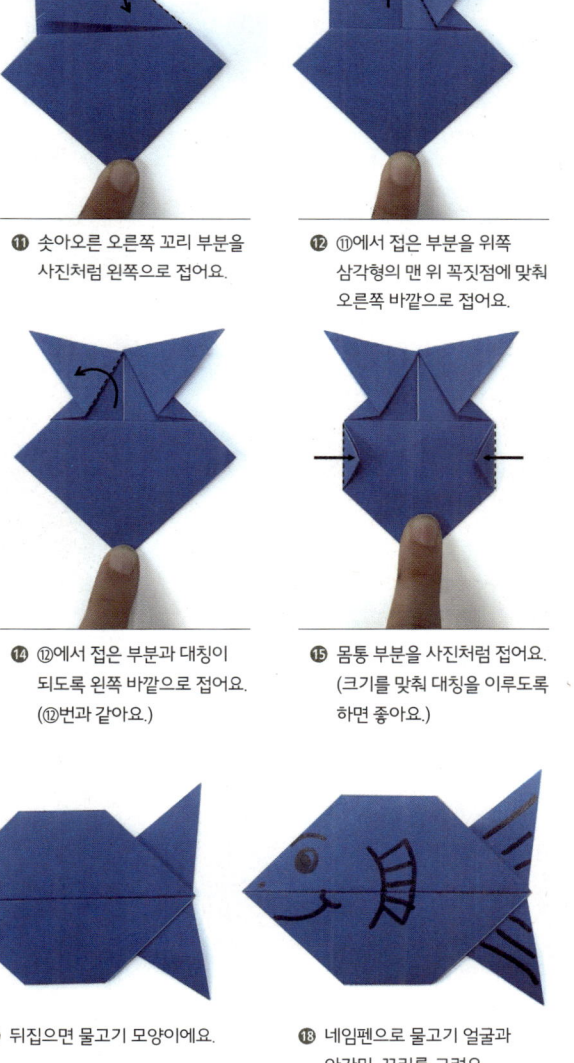

⑯ 꼬리 부분을 테이프로 붙여 고정해요.

⑰ 뒤집으면 물고기 모양이에요.

⑱ 네임펜으로 물고기 얼굴과 아가미, 꼬리를 그려요.

3장 _ 종이놀이가 자신 있어요! **207**

숨은 생쥐 찾기

생쥐를 접어서 교실 곳곳에 숨기고 찾는 놀이를 했습니다.
너무 단순한 놀이라고요?
직접 해 보면 생각이 달라질 거예요.
생쥐를 접기 전, 먼저 색종이에 '쥐구멍에 숨고 싶은 날'을 적었거든요.
생쥐를 찾은 친구는 그 안에 적힌 내용을 읽고 위로해 주는
특별 임무까지 받았답니다!

쥐구멍에 숨고 싶은 날
이지수 글, 영민 그림, 키즈엠, 2016

생쥐 아저씨가 사는 작은 쥐구멍으로 아이들이 몰려와요. 말 그대로 '쥐구멍에 숨고 싶을' 만큼 부끄럽고 창피한 일이 있었대요. 자기 전에 '이불 킥!' 날리고 싶을 만큼 후회되는 순간요. 그런 아이들이 어디 한둘인가요? 생쥐 아저씨네 쥐구멍은 점점 붐비기 시작해요. 그림책을 읽으면 우리 모두 비슷한 경험을 했다는 걸 알 수 있어요. '나만 그런 게 아니라는 사실을 알게 되면 부끄러움과 창피함을 뒤로 하고 다시 씩씩하게 하루를 보낼 용기가 생긴답니다.

'쥐구멍에 숨고 싶다.'는 표현이 있습니다. 너무 부끄럽고 창피하다는 뜻이지요. 여러 사람이 모였는데 갑자기 발표해야 할 때, 식사 후에 신나게 수다를 떨었는데 이에 떡하니 붙은 고춧가루를 봤을 때, '쥐구멍'을 찾고 싶어요. 하지만 우리 모두 이런 경험을 통해 매일 조금씩 성장한답니다. "이런 이유 때문에 부끄럽거나 창피해서 숨고 싶은 적도 있어! 하지만 지금은 괜찮아!" 하며 의연하게 웃어넘길 수 있게 되지요.

그림책 『쥐구멍에 숨고 싶은 날』은 아이들이 그런 순간을 어떻게 회복해 나가는지 보여 줍니다.

생쥐 아저씨의 쥐구멍으로 봄이가 뛰어 들어와요. 관용어 표현 그대로, 그림책 제목 그대로 쥐구멍에 숨어들었다는 설정이 유쾌해요. 남들이 다 보는 앞에서 크게 넘어지고 말았대요. 심지어 자기가 좋아하는 우진이 앞에서요. 얼마나 부끄러웠을까요? 그때 쥐구멍으로 은지도 뛰어 들어와요. 이번에는 무슨 일인지 그림만 살펴봤어요. 줄다리기하다가 방귀를 뀌고 말았네요. 반 아이들도 "아~ 진짜 부끄럽다!", "어떡하냐?"며 아우성이에요. 우리가 당사자도 아닌데 괜스레 발을 동동 구르게 돼요. 그때 그림책에서는 또 다른 친구가 쥐구멍으로 들어옵니다. 책장을 넘기다 잠시 멈추고 이번에는 또 무슨 일일지 아이들과 상상해 봅니다. 학교에서 똥 싸다가 들켰다고, 칠판 앞에 나와서 문제를 풀었는데 틀렸다고, 좋아하는 사람이 누군지 다 소문이 났다고, 우리 일상에서도 충분히 있을 수 있는 일들을 이야기하네요. 그림책 속 인물들도 비슷한 고민을 안고 있습니다. 생쥐 아저씨네 쥐구멍은 아이들로 북적거립니다. 그림을 잘 보면 쥐구멍에서 그림도 그리고, 장난감 자동차도 가지고 놀고, 찬장을 뒤지기도 하는 아이들이 있어요. 생쥐 아저씨는 목욕물을 받아 놓고도 아이들 때문에 탕에 들어갈 수 없어요. 게다가 아저씨는 혼자만의 시간을 좋아하는데…… 어쩌지요?

아이들에게 숨을 곳을 준 '쥐구멍'의 집주인, 생쥐 아저씨를 종이로 접어 봅니다. 접기 전, 색종이 안에 내가 언제 부끄럽고 창피했는지 적을 거예요. 쥐를 접으면 글씨가 보이지 않겠지요? 완성 작품은 교실 곳곳에 숨겨 봅니다.

종이로 접은 쥐를 찾을 때마다 "야호!" 소리도 들리고, 친구가 찾은 곳 주위에 더 없는지 따라가 보기도 하네요. 쥐를 다 찾으면 둥그렇게 모여 앉아 이야기 나눠 보세요. 종이를 펼쳐 적힌 내용을 발표하고 완성작은 바구니에 따로 모아 다음에 다시 찾기 놀이를 해도 좋아요.

친구가 적은 '부끄러운 순간'을 나였다면 어떻게 위로해 줄 수 있을까요?

"살다 보면 그럴 수도 있지!"

"시간이 지나면 다 괜찮아져!"

속마음을 시원하게 털어놓고, 서로 위로해 주는 시간을 보내면 우리 교실도 생쥐 아저씨네처럼 훈훈한 곳이 되지 않을까요?

우리 교실에서 쥐를 숨겨 놓은 곳이에요!

같이 만들어요 : 부끄러웠던 기억을 간직한 생쥐

- 준비물: 색종이, 네임펜
- 만드는 법

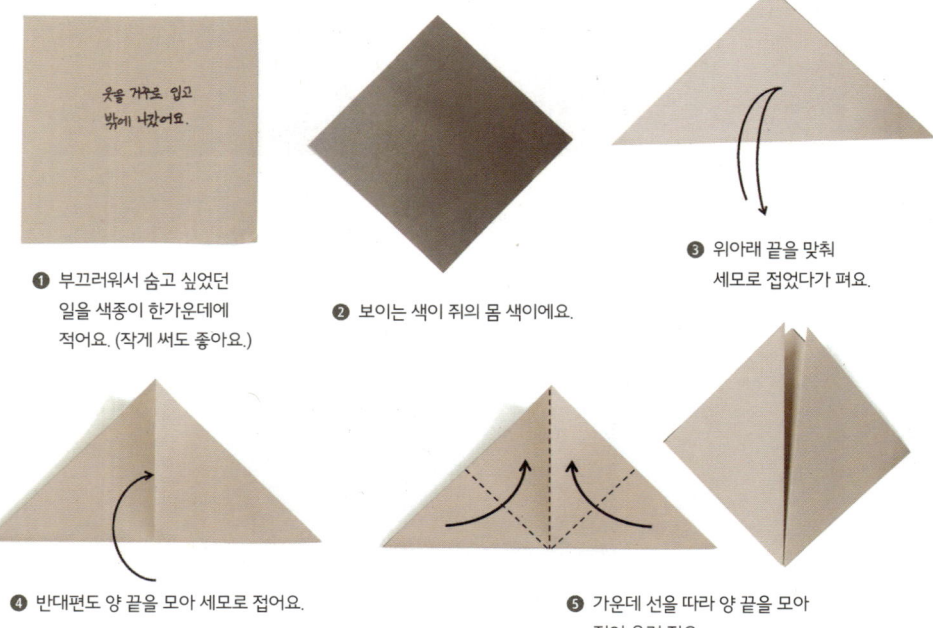

❶ 부끄러워서 숨고 싶었던 일을 색종이 한가운데에 적어요. (작게 써도 좋아요.)

❷ 보이는 색이 쥐의 몸 색이에요.

❸ 위아래 끝을 맞춰 세모로 접었다가 펴요.

❹ 반대편도 양 끝을 모아 세모로 접어요.

❺ 가운데 선을 따라 양 끝을 모아 접어 올려 줘요.

❻ 올라간 양 끝을 아래로 접어 내려요.

❼ 위쪽에서 한 장만 내려 접어요.

❽ 가운데 선에 맞춰 사진처럼 아래로 접어요.

❾ 뒤집어요.

❿ 사진처럼 위쪽 꼭짓점에 맞춰 양 끝을 조금만 접어요.
이때 접히는 부분 넓이를 같게 해요.

⓫ 위아래 양끝을 맞닿게 반으로 접어요.

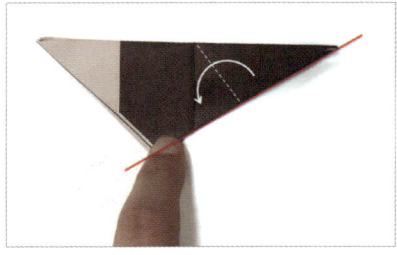 

⓬ 접기선을 따라 반으로 접어요.

⓭ 다시 접기선을 따라 접어 끝을 바깥쪽으로 보내요.

⓮ 접었던 것(⓬~⓭)을 화살표 방향으로 다시 펼쳐요.

⓯ 사진처럼 한 번 더 펼쳐요.

⓰ 접기 선을 따라 오른쪽 끝을 안쪽으로 접어요.

  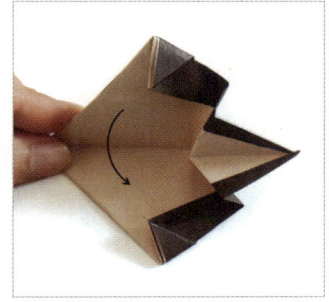

⓱ 뾰족한 끝을 반절 접어 바깥으로 빼 줘요.　　⓲ 한가운데 접기선을 따라 모아 접어요.

⓳ 한 겹만 접어 펴 줘요.

⓴ ⓳에서 접어 핀 세모 부분을 접기선에 따라 반절 접어 줘요.　　㉑ 반대쪽도 똑같이 하고 눈코입을 그리면 찍찍, 생쥐가 나왔어요!

도란도란 이야기 시간

◎ 종이놀이를 하기 전에 쥐구멍에 숨고 싶었던 순간을 함께 이야기해 봐요. 옷을 거꾸로 뒤집어 입고 나갔는데 늦게 알았을 때, 다른 사람을 부르는 소리에 대답했을 때, 야구할 때 힘줘서 공을 쳤는데 방귀가 같이 나왔을 때, 우리 가족 차인 줄 알고 탔는데 다른 사람 차였을 때, 마트에서 할머니 손을 잡았는데 모르는 사람이었을 때! 우리는 다양한 이유로 창피해하고 부끄러워해요. 그때 자신에게 어떤 말을 건네고 싶나요? 아이들과 함께하는 어른이라면 우리 모두 그런 시간이 있음을 솔직하게 이야기하고 그때의 마음이 모두 '지나가는 것'임을 알려 주세요. 창피하고 부끄러운 감정에 너무 연연하지 않아도 된다고요.

부록

종이놀이를 함께 하는 어른들을 위한
질문과 답변

❶ **유아 연령~초등학교 낮은 학년 아이들이 도구를 사용하다 다칠까 봐 걱정입니다. 이 시기 아이들과 종이놀이를 할 때 특별히 유념해야 할 부분이 있을까요?**

어린아이들은 종이놀이를 할 때 아무래도 어른의 도움이 필요합니다. 아직 소근육 사용이 서툴기 때문에 안전가위를 사용하면 좋겠습니다. 시중에 나와 있는 안전가위는 대부분 '3세 이상'을 사용 권장 연령으로 두고 있습니다. 아이들이 가위 끝을 콘센트 같은 구멍에 넣기 어렵게 되어 있지요. 날에 베일 가능성도 적고요. 칼은 다칠 위험이 커 사용하지 않는 쪽을 추천합니다. 이 책에 소개한 활동에도 칼은 사용하지 않으므로 참고가 되면 좋겠습니다.

❷ **손힘이 약한 아이들과 종이놀이를 하려고 합니다. 접는 게 서툰 아이들을 어떻게 도울 수 있을까요?**

종이접기의 기본은 '다림질'입니다. 이때 다림질의 의미는 접은 선을 예쁘게 꾹꾹 눌러 주는 활동입니다. 보통은 손톱을 사용하게 되는데 손힘이 약한 아이들은 가위 손잡이의 플라스틱 부분이나 플라스틱 자를 이용하면 좋습니다. 쇠 자는 가장자리가 날카로워 눌렀을 때 종이가 찢어지는 경우가 간혹 있기 때문입니다.

❸ **아이가 미술에 관심을 가지면 좋겠다는 생각으로 집에서 쉽게 할 수 있는 종이접기 책을 구매했습니다. 그런데 한자리에 차분히 앉아 있는 걸 힘들어해요. 어떻게 하면 흥미를 갖게 유도할 수 있을까요?**

종이접기 책에 나와 있는 주제를 먼저 충분히 탐색하기 바랍니다. 예를 들어, 종이접기로 보석 상자 만드는 부분이 나온다면 보석 상자를 어떻게 활용할지 상상해 보는 것입니다. 상자에 넣을 보석을 언제 착용할지, 보석이 누구에게 필요할지, 그 보석을 상자에 예쁘게 넣어 선물하는 상황은 어떨지 충분히 이야기 나눕니다. 아이들은 마음이 열려야 배움을 시작할 수 있습니다. 그 활동이 자신에게 왜 필요한지 또 어떤 의미를 가지는지 먼저 생각하도록 안내하길 바랍니다. 단순히 종이접기를 알려 주기보다 스토리텔링으로 접근하는 쪽이 매우 좋습니다. 이 책처럼 종이놀이와 관련된 그림책부터 읽고 흥미를 끌어올린 후, 관련 종이놀이 활동으로 나아가는 것도 추천합니다.

❹ **학교에서 종이놀이 수업을 꾸리려고 합니다. 수업을 어떻게 구성하는지, 수업 후 완성품은 어떻게 활용하는지 등 전반적인 내용이 궁금합니다.**

그림책 종이놀이 수업에 앞서 종이놀이와 관련 있는 그림책을 선정하는 일부터 시작했습니다. 일반 교과 수업도 아이들과 교사의 대화로 이루어지는 시간이 많기 때문에 수업에서 그림책 내용과 인물로 이야기하기는 어렵지 않습니다. 그림책을 한 번 훑고 지나가는 것이 아니라 여러 가지 질문으로 장면마다 이야기를 나누며 깊이 있게 읽은 후 독후 활동으로 종이놀이 활동을 이어 갔습니다. 매주 한두 시간씩 구성된 창체, 미술 시간을 활용했습니다. 실물화상기를 이용해 과정을 한 단계, 한 단계 화면으로 공유하며 아이들과 함께 만들어 가 보세요. 아이들도 선생님이 완성하는 작품에 관심을 보이며 더 진지하고 애정 있게 수업에 참여합니다.

완성 작품은 사물함 위에 배치해 전시하고 서로 감상을 주고받도록 했습니다. 아이들이 놀이하는 모습을 사진으로 찍어 학급 홈페이지에 올리고, 서로 댓글을 달아 주며 가족과 함께 감상하도록 안내하기도 했습니다. 칭찬과 격려는 다음 활동을 위한 좋은 씨앗이 되었습니다. 보통은 2차시 정도의 수업으로 진행했지만 경우에 따라서는 3차시 수업이 되기도 했습니다.

❺ **종이놀이에 관한 아이들의 관심도가 다르다 보니 특히 교실에서 단계가 많은 작품을 완성할 때 수업이 매끄럽게 진행되지 않습니다. 아이들의 흥미와 집중도를 끌어올리는 노하우가 있을까요?**

교실에서 아이들과 종이놀이를 하다 보면, 아이들마다 속도, 흥미가 달라 고민될 때가 있습니다. 아이들이 모두 활동에 몰입할 수 있도록 먼저 그림책으로 충분히 이야기를 나눠 주세요. 관련 영상도 곁들여 시청하면 좋습니다. 아이들이 흥미와 호기심을 보이기 시작하면 종이놀이를 하기 직전에 서로 지켜야 할 약속을 이야기합니다. 활동은 할 수 있는 만큼 최선을 다하기, 모르면 선생님이나 친구들에게 적극적으로 묻기, 먼저 완성한 친구들은 놀지 말고 자신의 작품에서 보완해야 할 점을 생각하거나 다른 친구들에게 도움 주기 등입니다. 중간중간, 먼저 완성한 친구들의 작품을 감상하며 감상평을 적어도 좋습니다. 관심도가 다른 아이들이 충분히 상호작용할 수 있도록 교사가 구체적으로 지침을 말해 주면 아이들도 금세 즐거워합니다.

❻ **종이놀이가 익숙하지 않은 아이들과 수업할 때 여기저기에서 한꺼번에 도움을 요청한다면 어떻게 대처할 수 있을까요?**

교사 혼자서 많은 아이에게 도움을 주기는 굉장히 어려운 일입니다. 이럴 때는 '도우미 선생님'과 함께 하시길 추천합니다. 미술 활동이 능숙한 아이들을 도우미로 정하고, 솜씨 나눌 기회를 주는 방법입니다. 도우미 선생님이 곳곳에서 도움이 필요한 친구들에게 방법을 알려 주고 함께 오리고 접고 붙이며 활동을 이어 간다면 좀 더 매끄럽게 수업을 진행할 수 있습니다.

❼ 종이놀이 수업을 준비하셨을 때 가장 중요하게 생각한 점은 무엇일까요?

수업에서 함께 만들 작품을 교사가 여러 번, 미리 해 보는 것입니다. 어떤 과정을 거쳐야 아이들이 헷갈리지 않고 직관적으로 이해하며 잘 따라올지, 접는 과정에서 아이들이 더 쉽게 이해할 수 있는 방법은 없는지, 어떨 때 어려움을 겪을 것 같은지 예상해 보며 시행착오를 최대한 줄이는 방법을 궁리해 봅니다. 아이들이 쓸 종이와 같은 종류, 같은 색을 사용하고 단계를 최대한 세분화해서 직접 해 보는 걸 추천합니다.

❽ 완성 작품을 사진으로 찍어 전시하고 반 커뮤니티에도 올리려고 합니다. 사진을 예쁘게 찍는 방법이 있다면 알려 주세요.

사진은 빛의 예술이기도 하지만 빼기의 예술이기도 합니다. 그 말은 찍고자 하는 피사체(작품)를 제외하고 다른 요소들을 사진 안에서 제외해야 한다는 뜻입니다. 무늬가 없는 깔끔한 배경에서 찍으면 좋고 배경이 복잡할 경우에는 아웃포커싱(배경 흐림) 효과를 주면 더욱 더 작품이 도드라지게 보입니다.

플래시는 작품 색감에 영향을 주어 작품이 과하게 밝아지거나 빛이 반사돼 사진이 하얗게 나올 수 있으므로 자연광을 추천합니다. 마지막으로 작품과 관련 있는 소품들을 함께 배치하면 더 예쁜 사진이 될 수 있습니다. 이 책은 각 편마다 글의 시작 부분에 작품 사진을 배치했습니다. 인형, 모형 의자, 시트지 등을 활용해 찍었습니다. 비슷한 작품을 찍을 때 참고가 될 수 있길 바랍니다.

■ 그림책 찾아보기

- 『갈매기 택배』
  (이시이 히로시 글·그림, 엄혜숙 옮김, 위즈덤하우스, 2016) — 8, 162~164, 169쪽
- 『감기 걸린 물고기』(박정섭 글·그림, 사계절, 2016) — 8, 197, 205쪽
- 『고구마』(최정아·황진희 글, 조아영 그림, 걸음동무, 2020) — 8, 45쪽
- 『고민 해결사 펭귄 선생님』
  (강경수 글·그림, 시공주니어, 2020) — 34쪽
- 『구름빵』(백희나 글·그림, 한솔수북, 2004) — 27쪽
- 『굴러 굴러』(이승범 글·그림, 북극곰, 2020) — 57쪽
- 『그건 내 조끼야』
  (나카에 요시오 글, 우에노 노리코 그림, 박상희 옮김, 비룡소, 2000) — 77쪽
- 『그래, 책이야!』
  (레인 스미스 글·그림, 김경연 옮김, 문학동네, 2011) — 105쪽
- 『기분이 나빠!』(소피 헨 글·그림, 최용은 옮김, 키즈엠, 2016) — 8, 119쪽
- 『꽃꽃꽃』(임수정 글, 송수은 그림, 노란돼지, 2020) — 37~38쪽
- 『꽃에서 나온 코끼리』(황K 글·그림, 책읽는곰, 2016) — 43쪽
- 『나빌레라』(전5권, HUN 글, 지민 그림, 위즈덤하우스, 2017) — 63쪽
- 『내 옷으로 만든 특별한 이야기』
  (엘렌 패슐리 글, 시아 베이커 그림, 다산기획, 2021) — 83쪽
- 『너에게』(옥희진 글·그림, 노란상상, 2020) — 63쪽
- 『달리는 나눔 가게』
  (미하엘 로어 글·그림, 임미숙 옮김, 북비, 2013) — 177쪽
- 『두근두근』(이석구 글·그림, 고래 이야기, 2015) — 8, 21쪽

- 『두더지의 고민』(김상근 글·그림, 사계절, 2015) — 8, 29쪽
- 『때 빼고 광 내고 우리 동네 목욕탕』
  (김정 글, 최민오 그림, 밝은미래, 2017) — 103쪽
- 『똑똑똑, 택배 왔어요』
  (히가시 아키코 글·그림, 최용환 옮김, 미운오리새끼, 2016) — 169쪽
- 『모기 잡는 책』(진경 글·그림, 고래뱃속, 2019) — 157쪽
- 『미용실에 간 사자』
  (브리타 테큰트럽 글·그림, 이선오 옮김, 키즈엠, 2014) — 91쪽
- 『뱀의 눈물』(이윤희 글, 이덕미 그림, 하마, 2020) — 69, 73쪽
- 『사소한 소원만 들어주는 두꺼비』
  (전금자 글·그림, 비룡소, 2017) — 8, 85쪽
- 『수박 수영장』(안녕달 글·그림, 창비, 2015) — 149쪽
- 『숲속 사진관』(이시원 글·그림, 고래뱃속, 2015) — 8, 187쪽
- 『슈퍼 토끼』(유설화 글·그림, 책읽는곰, 2020) — 106쪽
- 『신기한 우산 가게』
  (미야니시 다쓰야 글·그림, 김수희 옮김, 미래아이, 2017) — 127, 131쪽
- 『쓰레기통 요정』(안녕달 글·그림, 책읽는곰, 2019) — 8, 171쪽
- 『아빠 셋 꽃다발 셋』(국지승 글·그림, 책 읽는 곰, 2017) — 8, 113~114, 117쪽
- 『아이스크림』(안단테 글, 강은옥 그림, 우주나무, 2020) — 141쪽
- 『알사탕』(백희나 글·그림, 책 읽는 곰, 2017) — 50~51쪽
- 『엄마 셋 도시락 셋』(국지승, 책 읽는 곰, 2019) — 117쪽
- 『용기를 내, 비닐장갑!』(유설화 글·그림, 책읽는곰, 2021) — 139쪽

- 『우리 할머니는 못 말려』
  (최정아·최자옥·강지빈 글·그림, 걸음동무, 2020)   8, 99쪽

- 『우리는 언제나 다시 만나』
  (윤여림 글, 안녕달 그림, 위즈덤하우스, 2017)   67쪽

- 『쥐구멍에 숨고 싶은 날』
  (이지수 글, 영민 그림, 키즈엠, 2016)   209쪽

- 『콧물끼리』(여기 글·그림, 월천상회, 2017)   133, 135쪽

- 『토끼의 마음 우산』
  (최정현 글, 김온 그림, 꿈터, 2017)   131쪽

- 『판다 목욕탕』
  (투페라 투페라 지음, 김효묵 옮김, 노란우산, 2014)   106쪽

- 『화가 호로록 풀리는 책』
  (신혜영 글, 김진화 그림, 위즈덤하우스, 2021)   61쪽

공감하며 읽고 창의적으로 만드는

그림책 종이놀이

1판 1쇄 발행 2022년 3월 31일
2쇄 발행 2023년 9월 8일

지은이	황진희·최정아·구은복
펴낸이	한기호
책임편집	박혜리
편집	여문주, 서정원, 송원빈, 이선진
본부장	연용호
마케팅	하미영
경영지원	김윤아
디자인	토가 김선태
인쇄	예림인쇄

펴낸곳 (주)학교도서관저널
출판등록 제2009-000231호(2009년 10월 15일)
주소 04029 서울시 마포구 동교로 12안길 14(서교동) 삼성빌딩 A동 3층
전화 02-322-9677 팩스 02-6918-0818
전자우편 slj9677@gmail.com
홈페이지 www.slj.co.kr

ISBN 978-89-6915-126-1 03370

ⓒ 황진희·최정아·구은복 2022

- 이 책은 저작권법에 따라 보호를 받는 저작물이므로 무단 전재와 무단 복제를 금합니다.
- 책값은 뒤표지에 있습니다.